인제대학교 가야문화연구소
김 해 시

봉황동유적

주류성

봉황동유적

엮은이 | 인제대학교 가야문화연구소, 김해시
펴낸이 | 최병식
펴낸날 | 2013년 12월 30일
펴낸곳 | 주류성출판사
서울특별시 서초구 강남대로 435 (서초동 1305-5)
TEL | 02-3481-1024 (대표전화) • FAX | 02-3482-0656
www.juluesung.co.kr | juluesung@daum.net

값 18,000원

ISBN 978-89-6246-117-6 93900

봉황동유적

開 會 辭

　참 좋은 봄날에 가야문화축제의 한 마당으로서 제19회 가야사학술
회의를 개최하게 됨을 기쁘게 생각합니다. 참석해 주신 전국의 연구
자 여러분, 김해시장님과 김해시민 여러분, 그리고 가까운 장래에 가
야문화의 계승자가 될 학생 여러분들께 감사의 말씀을 올립니다.

　우리 고장의 역사와 문화에 대한 애정으로 20년 넘게 가야사연구
의 학술회의를 개최하고 있는 우리 김해시의 노력은 남다르다고 생
각합니다. 이 학술회의를 주관하고 있는 인제대학교 가야문화연구소
는 이러한 전통과 의미를 충분히 자각하여 보다 나은 학술회의의 개
최와 함께, 오늘의 연구 성과를 보다 널리 전파하는데 최선을 다하고
자 합니다.

　오늘 가야사학술회의의 주제는 '김해 봉황동유적'입니다. 사적 제
2호인 봉황동유적은 가야인의 생활상과 왕궁, 그리고 해상왕국의 항
구를 보여주는 복합유적입니다. 1907년에 일본인 이마니시류가 회현
리패총을 발견한 이래, 30여 차례의 발굴조사를 통해 봉황대 사방의
경사면과 평지에서 아주 다양한 성격의 유적이 확인되었습니다. 정상
의 봉황대를 중심으로 동쪽에는 패총이 중심을 이루는 생활유적이 있
고, 서쪽 해반천 가에는 저습지의 호안시설과 고상식 창고가 보여주
는 항구 관련의 유적이 있으며, 서쪽과 남쪽, 북쪽과 북동쪽에서 조

금씩 조사된 봉황토성의 일부는 가락국의 왕성과 왕궁을 되살려 볼 수 있게 해 주었습니다.

이 유구들은 대개 회현리패총 고인돌의 기원전 4세기경부터 기원후 5세기의 봉황토성, 그리고 6세기까지의 항구와 생활유적 등을 통해, 가야 성립 이전의 구간사회와 가야의 가락국이 존립했던 거의 모든 시기의 가야문화를 잘 보여주고 있습니다. 지난해에는 가야 선박의 일부가 출토되기도 하였고, 며칠 전에는 봉황토성에 대한 새로운 사실이 확인되기도 하였습니다. 이처럼 이미 많은 발견과 연구가 진행되어 오고 있기는 하지만, 오늘의 발표와 토론이 이러한 연구 성과의 정리와 가야사의 새로운 장면을 되살려 내는 데 중요하게 기여할 것으로 믿습니다.

발표와 토론 참가를 흔쾌히 수락해 주신 학자 여러분과 이번 학술대회를 준비하는데 많은 도움을 주셨던 김해시장님 이하 시청 관계자 여러분, 인제대학교 산학협력단과 국립김해박물관의 관계자 여러분께도 심심한 감사의 말씀을 올립니다.

아무쪼록 오늘의 학술대회가 계획한대로 잘 진행되고 풍성한 결실을 맺을 수 있도록 끝까지 함께 하시어서 성원해 주시기 바랍니다.

오늘 자리하신 모든 분들의 건승하심과 가정의 평안하심을 기원하겠습니다.

2013. 4. 26.
인제대학교 가야문화연구소
소장 이 영 식

歡 迎 辭

　제37회 가야문화축제 행사에 즈음하여 오늘 국립김해박물관에서 제 19회 가야사학술회의를 위해 우리 김해시를 찾아주신 전국의 학자 및 학생 여러분, 그리고 친애하는 김해시민 여러분을 진심으로 환영합니다. 20년이 넘게 가야사의 비밀을 밝혀가며, 우리 시의 발전과 브랜드 창출에 좋은 자양분을 공급하고 있는 가야사학술회의의 개최를 시민여러분과 함께 축하드립니다.

　우리 시는 매년 가락국의 시조 수로왕을 받드는 춘향대제에 맞춰 전국 규모의 가야문화축제를 개최하고 있습니다. 이제는 이 가야사학술회의도 가야문화축제를 구성하는 중요한 행사로 자리 잡았습니다. 학술회의를 통해 밝혀지는 가야사의 새로운 역사적 사실과 가야문화의 새로운 면모가 한국사연구의 진전과 함께 우리 시민의 삶과 문화를 더욱 풍성하게 해 줄 것으로 믿습니다.

　금번 가야사학술회의의 주제는 '김해 봉황동유적'이라고 합니다.

　잘 아시는 것처럼 봉황동유적은 우리나라에서 최초로 발견된 유적 중 하나입니다. 1907년에 '회현리 패총'이란 이름으로 세상에 알려져 이미 106년의 세월이 흘렀고, 100년째 되던 2006년에는 우리 시가 같은 자리에 패총단면전시관을 개관하기도 하였습니다.

　또한 봉황동유적은 수로왕의 왕궁이 있었던 것으로 전해지는 곳이기도 합니다. 2003년의 발굴조사에서 발견되었던 봉황토성의 일부는 가락왕궁의 실재를 증명해 주었습니다. '김해 봉황동유적'은 이른 시기의 발견과 유적의 중요성에 따라 국가사적 제2호로 지정 보존되고 있습니다.

　이러한 봉황동유적에 대한 새로운 연구가 가야의 역사와 문화를 더욱 살찌게 하고, 우리 시의 정책과제인 시민 문화 복지의 향상과 문화관광정책의 수립에도 좋은 길잡이가 되어 줄 것으로 기대합니다.

　오늘 학술회의의 발표와 토론을 맡아 주신 학자님들과 학술회의의 개최를 위해 노력해 주시는 우리 시 학술위원회의 신경철·조영제·이영식 교수님과 김정완 국립김해박물관장님, 강순형 국립가야문화재연구소장님께도 깊은 감사의 말씀을 올립니다. 아울러 학술회의를 후원하는 인제대학교 산학협력단과 국립김해박물관에도 감사의 말씀을 올리면서, 학술회의를 주관하는 인제대 가야문화연구소 여러분의 노고에도 심심한 치하의 말씀을 올립니다.

　아무쪼록 이번의 학술회의가 계획한대로 순조롭게 진행되고, 좋은 연구발표와 깊이 있는 토론을 통해 가야사 연구의 진전에 기여하길 빌며, 학술회의의 성과가 우리 시민의 행복과 문화관광의 발전을 위한 자산의 축적으로 이어지고, 우리 한국사를 보다 발전시키는 계기가 되기를 희망합니다.

　오늘 이 자리에 참석해주신 학자 여러분과 시민 여러분의 가정에 언제나 사랑과 행복이 충만하시기를 기원합니다. 감사합니다.

2013. 4. 26.

김해시장 김 맹 곤

祝　辭

여러분 안녕하십니까?

먼저 봄의 축복을 받으며 제19회 가야사학술회의가 개최된 것을 축하드립니다.

시간이 흘러 벌써 열아홉이라는 숫자가 되는 오늘에서 지난 시간을 돌이켜 보면 이 가야사학술회의가 출발할 당시가 생각납니다.

그 당시 '가야'란 이름이 지금처럼 일반에게 널리 알려지지 않았기 때문에, 이 가야사학술회의의 내용과 의미도 중요하였겠지만, 그에 앞서 '가야'란 이름을 널리 알리고 홍보하여 '가야문화연구 활성화'라는 분위기를 조성하는 것 또한 이 학술회의를 마련한 큰 이유 중의 하나였다고 생각합니다. 그 이후 김해시의 적극적인 추진과 여러분들의 호응에 힘입어 이제 가야사학술회의는 가야에 관한 연구의 핵심을 이루며, 가야를 연구하는데 중심이 되는 학술회의로 성장하였습니다. 그 결과 가야에 관한 연구는 기존의 고분 조사를 통한 편년 체계 수립 위주의 연구에서 벗어나 복합적이고 다양한 유적과 주제로 확산되면서 연구의 폭과 질을 높이게 되었습니다.

그동안 이 학술회의에서는 금관가야를 중심으로 하는 가야의 제반 부분을 영역이나 주제별로 점검해 가며, 학계의 연구 성과를 정리하고 그 결과를 시민 여러분과 공유하여 왔습니다. 여러분들이 잘 아시는 것처럼 그 동안 이 학술회의는 가야의 문화와 관련된 제반 사항을 각 테마별로 점검해 왔었고, 최근에는 가야의 주요 유적을 집중적으로 점검하고 있습니다.

이번 가야사국제학술회의는 김해의 대표 유적인 봉황대유적을 대상으로 하여 그 동안의 조사연구 성과를 정리 공개하는 자리가 되겠습니다.

김해 봉황대유적은 구한말인 1907년 처음으로 조사된 유적으로 학사적으로도 의미있는 유적이며, 현재 사적 제2호로 지정되어있습니다. 처음에는 단순 패총유적으로 알려졌지만, 조사가 진행되면서 금관가야의 중심 거점 유적이었음이 밝혀졌습니다. 오늘은 이 봉황대 유적에 대하여 그 발굴사에서 부터 유적의 기능과 의의 등 봉황대 유적 자체의 성격뿐만 아니라, 자연유물의 분석을 통하여 당시 낙동강 하류의 환경과 생태에 관한 조사결과도 발표될 것입니다.

오늘 이 자리가 김해 봉황대유적의 모든 것을 해부하여 정리해보고, 그 결과가 관련 연구자들에게는 현재 연구상황을 정리 재점검해 보는 기회로, 여기에 참석하신 모든 시민여러분과 미래를 꿈꾸는 학생들에게는 현재까지의 학계 연구성과를 공유하는 뜻 깊은 자리가 되길 희망합니다.

마지막으로 발표와 토론을 위해 김해를 찾아주신 여러 선생님들께 다시 한 번 감사드립니다. 그리고 이 자리를 마련하시느라 수고하신 김해시와 인제대학교 가야문화연구소의 관계자 여러분들의 열정과 노고에도 깊이 감사드립니다.

2013. 4. 26.
국립김해박물관장 김 정 완

目 次

김해 봉황동유적 발굴조사 신례

심종훈·이재호*

Ⅰ. 조사개요

　조사대상지역은 김해시청 하수과에서 봉황동유적지 일원의 지하수 오염방지와 하수처리장 효율저하 등의 제반문제를 해결하고자 기존 하수관로 정비 및 신설 하수관로를 매설하기 위한 부지이다.

　조사대상지역 주변에는 수로왕릉을 비롯하여 회현리패총, 봉황대유적, 대성동고분군, 김해읍성 등 김해지역의 정체성을 대표하는 중요한 유적이 산재해 있다. 이 중, 봉황대유적은 기원전 2세기 초부터 기원후 6세기 전반에 이르기까지 장기간에 걸쳐 형성된 김해지역의 대표적인 복합유

---

* 동아세아문화재연구원

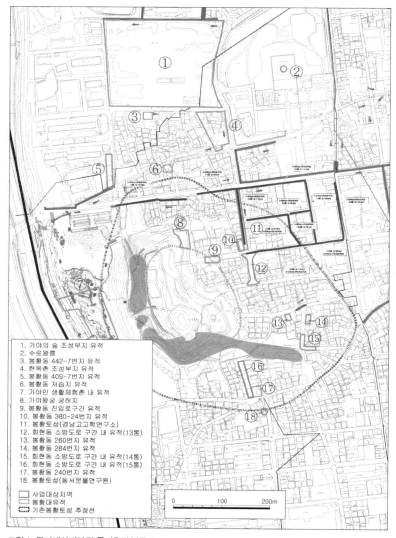

1. 가야의 숲 조성부지 유적
2. 수로왕릉
3. 봉황동 442-7번지 유적
4. 한옥촌 조성부지 유적
5. 봉황동 409-7번지 유적
6. 봉황동 저습지 유적
7. 가야인 생활체험촌 내 유적
8. 가야왕궁 궁허지
9. 봉황동 진입로구간 유적
10. 봉황동 380-24번지 유적
11. 봉황토성(경남고고학연구소)
12. 회현동 소방도로 구간 내 유적(13통)
13. 봉황동 260번지 유적
14. 봉황동 284번지 유적
15. 회현동 소방도로 구간 내 유적(14통)
16. 회현동 소방도로 구간 내 유적(15통)
17. 봉황동 240번지 유적
18. 봉황토성(동서문물연구원)

☐ 사업대상지역
🔲 봉황대유적
🔛 기존봉황토성 추정선

0   100   200m

그림 1. 조사대상지역 및 주변유적 분포도

적으로 주거지, 패총, 환호, 누자식건물, 가마, 토성 등이 복합적으로 존
재한다. 개항 이후부터 일제강점기까지의 발굴조사 이후, 1990년대에 접
어들어 인근의 대성동고분군이 금관가야 지배층의 무덤군으로 밝혀지면

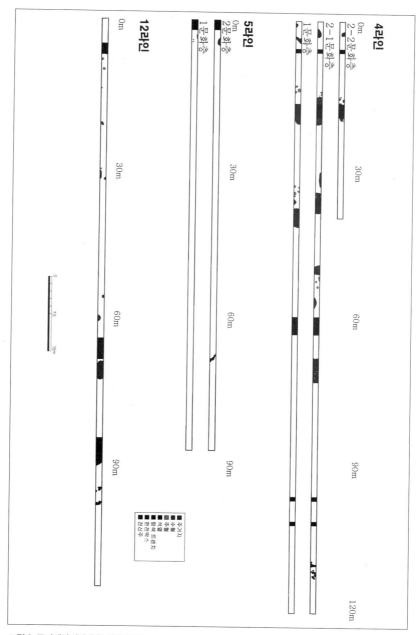

그림 2. 조사대상지역 유구 평면배치도

서 유적정비사업 또는 도로개설 등에 따라 수차례 발굴조사가 실시되었다. 특히, 봉황동 구릉과 그 주변 일대는 봉황대유적으로 통칭되는데, 기조사된 유적들은 평지성으로 추정되는 봉황토성과 취락, 당시 해안에 접해 있는 창고군 등으로 구분할 수 있다. 봉황토성은 봉황대 구릉의 북동쪽에 위치하는데, 현재로서는 전체적인 범위를 파악할 수 없지만, 봉황대 서쪽 구릉과 남쪽 구릉으로 이어질 가능성이 높다. 봉황대 구릉의 동쪽 일대~북쪽과 회현리패총 일대로 이어지는 봉황토성의 내부에서는 수혈, 주거지, 패총, 환호 등이 중층으로 밀집분포하고 있어 가락국 초기의 생활 중심지로 인식되고 있다.

금번 조사대상지역은 대부분의 구간이 봉황토성 내부에 위치하고 있으며 일부 구간은 봉황토성 추정선과 교차하거나 진행방향이 중첩되고 있어 조사대상지역에서도 3~5세기대의 생활유적이 유존할 가능성이 매우 높을 것으로 추정되었다.

Ⅱ. 조사내용

조사대상지역은 1~8, 10, 12·13 등 총 11개 라인으로 구분되며 유구는 봉황토성 추정선의 내측부인 4·5·12라인 등 3개소에서 조사되었다. 또한 금번 발굴조사를 봉황토성이 진행할 것으로 예상된 1·2라인은 지속적인 전기 및 상하수도 관로매설로 인해 원지형이 훼손되어 확인할 수 없었으며 그 외, 3·6·7·8·10·13라인 등 봉황토성 추정선의 외측에서는 유구 및 유물은 조사되지 않았다.

그림 3. 조사대상지역전경(항공사진)

1. 4·5·12라인

   4·5·12라인은 봉황토성 추정선의 내측에 해당하며 연접한 봉황토성[1],
회현동 소방도로 구간 내 유적(13통)[2], 봉황동 380-24번지 유적[3] 등에서
해발 5.5m~7.0m 사이에서 중층의 문화층이 조사되어 이를 염두에 두고
정밀발굴조사를 진행하였다.

1) 4라인

   4라인은 회현동 주민센터로부터 2라인의 동쪽 끝지점까지 남-북 축으
로 개설되는 총 연장 119.5m의 구간이다.

   토층 조사결과, 4라인은 지표층-복토층-갈색 및 황갈색 사질점토층(2

1) 경남고고학연구소, 『봉황토성』, 2005
2) 경남발전연구원 역사문화센터, 『김해 회현동 소방도로 구간내 유적』, 2004
3) 경남발전연구원 역사문화센터, 『김해 봉황동 380-24번지 유적』, 2006

그림 4. 4·5·12라인 전경(항공사진)

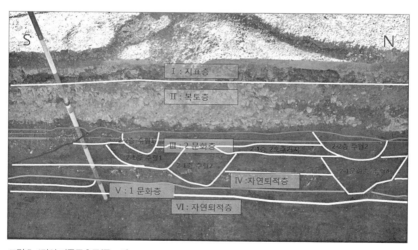

그림 5. 4라인 기준토층도(동→서)

문화층)-암갈색 사질점토층(자연퇴적층, 패각 일부포함)-갈색 사질점토
층(1문화층)-암갈색 사질점토층(자연퇴적층) 순으로 퇴적되어 있었다.
유구는 해발 6.8~7.7m까지 크게 2개 층에서 조사되었으며 상층의 2문화
층은 2-1문화층과 2-2문화층으로 세분된다.[4]

하층인 1문화층은 4라인 남쪽의 약 6.8m~7.1m 선상에서 주거지 3동,
수혈 1기, 주혈 9개가 조사되었다.

조사된 주거지의 규모는 너비 410~450cm, 깊이 10~14cm이며 내부토
는 목탄과 소토를 포함하고 있고 바닥은 약 0.5cm 두께로 전면 불다짐 하
였다. 주거지는 평면상에서 일부만 조사되어 전체적인 형태는 알 수 없
으나 평면양상으로 보아 원형계 주거지로 추정된다. 주거지 내부에서 옹
구연부편, 고배 대각편 등의 유물이 출토되었다.

수혈 및 주혈 역시 조사구간이 협소하여 정확한 평면형태 파악이 어렵
다. 내부토는 목탄을 소량 포함하는 암갈색 사질점토의 단일토로서 유물
은 수혈 내부에서 개편, 파수부편, 외절구연고배 대각편 등이 출토되었다.

한편, 조사대상지역은 좁은 구역에 대한 제한적인 조사만 진행되어 정
확한 형태 및 성격을 추정하기는 힘든 실정이지만, 출토유물 및 유구의
양상을 참고할 때, 인접한 봉황토성과 봉황동 380-24번지 유적, 회현동
소방도로 구간 내 유적(13통) 등에서 조사된 하층과 동시로 판단된다.[5]

상층인 2문화층은 해발 약 7.0m~7.7m 선상에서 주거지 7동, 수혈 3
기, 주혈 23개, 석렬 2열 등이 조사되었다.

---

4) 2-1문화층은 지대가 높은 남쪽 일부구간에서만 잔존한다. 1문화층과 2문화층 사이에는
   간층이 있는데 비해 2-1문화층과 2-2문화층 사이에 간층이 없어 단기간에 형성된 동
   일 문화층으로 파악하였다.
5) 인근의 봉황토성, 회현동 소방도로 구간내 유적, 봉황동 380-24번지 유적 등에서도 상·
   하층의 2개의 문화층으로 조사되었는데, 4라인의 1문화층과 하층이 해발고도, 퇴적토의
   양상 등이 동일하다.

그림 6. 4라인 1문화층 2호 주거지 토층(동→서)

그림 7. 4라인 1문화층 2호 주거지(남→북)

그림 8. 4라인 1문화층 3호 주거지(동→서)

그림 9. 4라인 1문화층 3호 주거지 토층(동→서)

그림 10. 4라인 1문화층 2호 수혈(서→동)

그림 11. 4라인 1문화층 주혈군2 전경(서→동)

그림 12. 4라인 1문화층 수습유물

그림 13. 4라인 1문화층 2호 주거지 출토 외절구연고배 대각편

주거지는 해발 약 7.0~7.7m 선상에 입지하는데, 평면형태는 원형으로 추정되며 규모는 너비 250~490cm, 깊이 8~16cm이다. 내부토는 목탄과 소토를 다량 포함하는 암갈색·적갈색 사질점토이고 바닥은 0.5cm 내외로 불다짐 하였으며 유물은 고배 대각 편, 배신부 편 등이 출토되었다.

노출된 수혈의 너비는 20~98cm, 깊이는 6~40cm이며 내부토는 주거지 내부토와 동일하다. 주혈은 직경 12~68cm, 깊이 6~28cm로 편차가 있으며 무질서하게 산재하고 있어 성격추정은 어렵다.

한편, 북쪽지점에서 약 26~30m정도 남쪽 해발 약 6.4m 선상에 2열의 석열이 남동-북서향으로 진행하고 있었다. 석열은 15~45cm 크기의 할석을 이용하여 북쪽으로 면을 맞추었는데, 석열 하부까지 탐색트렌치를 설치한 결과, 1단만 잔존하고 있었다. 이 석열은 조사대상지역 동쪽에 연접하는 봉황토성의 진행방향과 동일하나 봉황토성 외벽석축의 해발고도는 최하단석 2.5m, 최상단석 5.5m로 최하단석을 기준으로 할 때, 약 3.9m 가량의 고도차를 보이고 있다.[6]

2) 5라인

5라인은 매일종합건재상에서 왕릉 골프존까지 동-서 방향으로 개설되는 연장 87.4m의 구간으로 서쪽 끝은 4라인과 인접한다.

토층조사 결과, 지표층-복토층-황갈색 사질점토층(2문화층)-암갈색 사질점토층(자연퇴적층)-암갈색 사질점토층(1문화층)으로 구분되는데, 4라인에 비해 유구 밀집도가 현저히 낮아지며 서쪽시작 지점에서 약

---

6) 봉황토성 발굴조사 보고서의 사진을 참고할 때, 당시 지표면(도로)과 현재 지표면(도로)의 양상이 거의 동일하여 GPS로 해발고도를 측정한 결과, 봉황토성 보고서 도면 상의 해발과 실제 해발고도가 약 1.5m 이상 차이를 보이고 있어 기조사된 봉황토성의 해발고도에 대한 재검토가 요망된다.

그림 14. 4라인 2문화층 2호 주거지(동→서)

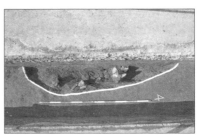

그림 15. 4라인 2문화층 4호 주거지(동→서)

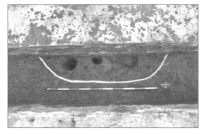

그림 16. 4라인 2문화층 5호 주거지(서→동)

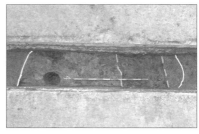

그림 17. 4라인 2문화층 6호 주거지(동→서)

그림 18. 4라인 2문화층 6호 주거지 출토 고배 대각 편

그림 19. 4라인 2문화층 수습유물

그림 20. 4라인 2문화층 석열(동→서)

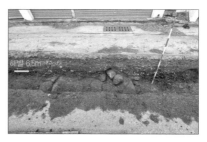

그림 21. 4라인 2문화층 석열 토층(동→서)

15m~66m 지점에는 하수관로 매설 지점 하부까지 복토 및 매립이 진행 된 상태였다. 먼저, 1문화층은 해발 6.7m 선상에서 주혈 4개가 조사되 었는데, 주혈의 직경은 10~48cm, 깊이는 6~12cm, 평면형태는 원형 이다. 내부토는 목탄과 소토를 소량 포함하는 갈색 사질점토이며 주혈 내부에서 유물은 출토되지 않았으

그림 22. 5라인 기준토층(동→서)

나 제토과정에서 고배 배신부편 1점이 출토되었다.

한편, 동쪽지점에서 약 19.4m 이격되어 석열이 조사되었는데, 회색 점 질토(뻘층) 상부인 해발 4.8m 선상에 20~45cm 크기의 할석 2단을 가로 눕혀쌓기 하였으나 면을 고르지 않은 조잡한 상태였다. 석열 상부는 현 대 주택 조성과 도로 개설로 인해 원지형이 훼손되었으나 진행방향이 북 서-남동향으로 기조사된 봉황토성의 진행방향과 일치하므로 봉황토성 과 관련된 석축으로 추정된다.

석열 하부와 동쪽으로는 회색 점질토층(뻘층)이 형성되어 있어 유구가 입지하기 어려운 환경으로 판단된다.

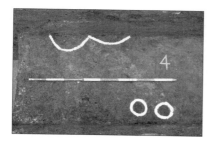

그림 23. 5라인 1문화층 주혈(남→북)

그림 24. 5라인 1문화층 수습유물

그림 25. 5라인 2문화층 석열(남동→북서)   그림 26. 5라인 2문화층 석열 토층(남→북)

3) 12라인

12라인은 조사대상지역의 가장 남쪽에 해당하는 회현동사무소에서 금단장 입구까지 동–서축으로 개설되는 총 연장 114.8m 구간이다.

봉황토성 추정선의 내측에 일부 포함되며 인접한 회현동 소방도로 구간내 유적[7]에서는 해발 5.5~6.9m 선상에서 삼국시대 주거지, 수혈, 주혈 등이 중층으로 조성된 것으로 보고되어 12라인에서도 동일 유적이 연장될 가능성이 매우 높을 것으로 추정되었다.

토층조사 결과, 지표층–복토층–암갈색 사질점토층(자연퇴적층, 일부

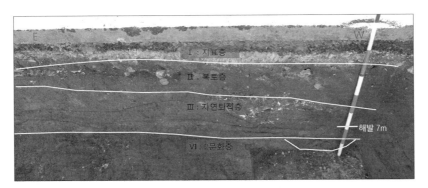

그림 27. 12라인 기준토층(북→남)

---

7) 慶南發展研究院 歷史文化센터, 『金海 會峴洞 消防道路 區間內 遺蹟』, 2004

패각포함)–황갈색 사질점토층(2문화층)–암갈색 사질점토층(자연퇴적
층)으로 구분된다.[8] 해발 4.1~6.9m 선상의 2문화층에서는 주거지 1동,
수혈 6기, 주혈 5개, 석열 2열이 조사되었다.

노출된 주거지의 규모는 너비 330cm, 깊이 16cm, 평면형태는 타원형
으로 추정되며 내부토는 목탄과 소토를 다량 포함하는 적갈색 사질점토

그림 28. 12라인 1호주 거지 조사전(북→남)

그림 29. 12라인 1호 주거지 출토 고배 배신부 편

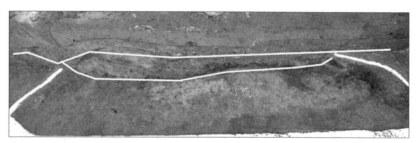

그림 30. 12라인 1호 주거지 토층(북→남)

와 암갈색 사질점토가 2개층으로 구분된다. 바닥은 0.5cm 두께로 전면에
불다짐하였으며 유물은 고배 배신부편 1점이 출토되었다.

수혈은 너비 46~192cm, 깊이 6~20cm로 편차가 있으며 평면형태는

---

8) 하수관거정비사업은 각 라인별 설치 깊이에 따라 조사를 진행하는데, 12라인의 경우 현
   지표에서 약 1.5m 지점에 2문화층이 잔존하고 있어 금번 정밀발굴조사에서는 1문화층
   의 유존여부는 조사하지 못하였다.

원형계이다. 주혈은 직경 36~48cm, 깊이 7~26cm이며 내부토는 소토와 목탄을 소량 포함하는 갈색 사질점토이다.

그림 31. 12라인 1호 수혈(남동→북서)

그림 32. 12라인 2호 수혈(북→남)

그림 33. 12라인 4호 수혈 토층(남→북)

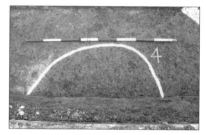

그림 34. 12라인 6호 수혈 조사전(남→북)

석열은 동쪽지점에서 약 19.8m 이격된 해발 4.1m 선상에서 북서-남동향으로 진행하는 2열이 노출되었다. 두 석열의 간격은 약 2.4m로 25~45cm 크기의 할석을 이용하여 계단상으로 쌓았으나 축조수법은 조잡하다. 이 중, 동쪽 석열의 외측(동쪽)으로는 회색 점질토층(뻘층)과 대수층이 형성되어 지반의 붕괴 위험성이 높아 최하단석까지 조사를 실시하지 못하였으며 석열 상부는 현대 주택 조성과 도로 개설로 인해 원지형이 훼손된 상태였다. 기조사된 봉황토성의 진행방향 및 축조수법, 해발고도가 유사하므로 봉황토성과 관련된 것으로 추정된다. 한편 석열의 외측은 회색 점질토층(뻘층)으로 이루어져 있어 유적이 입지하기 어려운 환경으로 생각된다.

그림 35. 12라인 석열 전경 (남→북)

그림 36. 12라인 석열 토층 (남→북)

그림 37. 12라인 제토중 수습유물 일괄

표 1. 4 · 5 · 12라인 현황

관로명	길이(m)	면적(㎡)	너비(m)	깊이(m)	비고
4라인	119.5	180.5	1.5	1.5	삼국시대 : 주거지 10동, 수혈 4기, 주혈 32개, 석열 2열
5라인	87.4	128.3	1.2	1.5	삼국시대 : 수혈 1기, 주혈 4개, 석열 1열
12라인	114.8	208.1	1.2	1.5	삼국시대 : 주거지 1동, 수혈 6기, 주혈 5개, 석열 2열

4·5·12라인에 대한 조사결과, 봉황토성 추정선의 내부에 해당하고 있는 해발 6.4~7.7m 선상에 삼국시대 생활유구가 조성된 것으로 밝혀졌다.

이에 조사대상지역 및 기조사된 유적을 바탕으로 당시의 환경을 복원하면 다음의 그림 38과 같다.

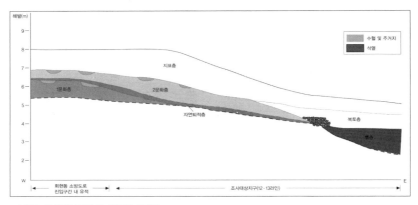

그림 38. 조사대상지역 동-서 토층 모식도

위의 도면에서 알 수 있듯 조사대상지역은 구릉지에서 저습지로 이어지는 남고북저, 서고동저로서 봉황토성 추정선 내측인 해발 6.4~7.7m 선상은 봉황대의 낮고 완만한 구릉지에 주거지 등의 생활유구가 조성되고 봉황토성 추정선을 경계로 해발고도 약 4m 이하는 회색 점질토층(뻘층)이 형성되어 있었던 것으로 추정된다. 따라서 주거역이 분포하는 생활권과 해반천 및 고김해만의 영향을 받는 회색 점질토층의 경계지점에 설치된 봉황토성의 추정 석열은 봉황대 구릉의 경계를 따라 구축된 것으로서 해반천과 고김해만의 영향으로 인한 지형의 침식을 막아 주거역을 보호하기 위해 조성된 호안석축으로서의 기능을 수행한 것으로 생각되므로 기 보고된 봉황토성의 성격에 대해 재검토가 요망된다.

2. 1~3, 6~8, 10·13라인

1) 1~3라인

그림 39. 1~3라인 전경(항공사진)

1~3라인은 봉황대유적 주차장 동쪽에 연접하는 세종한의원에서 인도를 따라 파크볼링센터까지 동−서축으로 개설되는 총 연장 383.2m의 구간이다.

이 중 1라인의 서쪽구간과 2라인의 중앙부는 기조사된 봉황토성 추정선과 교차할 것으로 예상되었는데, 특히 2라인 중앙부는 2003년 봉황토성 조사과정 중 하수도 관로공사시 현지표의 약 60cm 아래에서 석열이 확인된 것으로 보고되었다.[9] 또한 남쪽으로 봉황유적지의 구릉 일부가 잔존할 가능성이 높아 이와 관련된 매장문화재의 유존여부 파악에 중점을 두고 조사를 진행하였다.

조사결과, 현지표 아래 60cm 지점부터 기존의 상·하수도, 특고압 전기, 통신선, 우수박스 등이 복잡하게 매설되어 있었으며 그 하부로 하수관로가 매설될 1.5m 깊이까지는 기존의 관로가 매설되어 있었다. 기존 관로 매설과정에서 이미 원지형의 대부분은 훼손된 것으로 판단되며 금번 조사에서는 유구 및 유물은 조사되지 않았다.

---

9) 경남고고학연구소, 『봉황토성』, 2005

그림 40. 1라인 부분전경(동→서)

그림 41. 1라인 토층세부(북→남)

그림 42. 2라인 부분전경(동→서)

그림 43. 2라인 토층세부(북→남)

그림 44. 3라인 부분전경(동→서)

그림 45. 3라인 토층세부(북→남)

2) 6~8·10·13라인

6~8·10·13라인은 봉황토성 추정선의 외측에 위치하는데, 각 라인별
조사내용은 다음과 같다.

6라인은 5라인의 동쪽 끝지점부터 7라인과 교차하는 접점까지 동−서
축으로 개설되는 총 연장 44.6m의 구간으로서 조사결과, 토층은 지표층
−복토층−회색 점질토층(뻘층) 순의 퇴적양상을 보일 뿐, 내부에서 유구

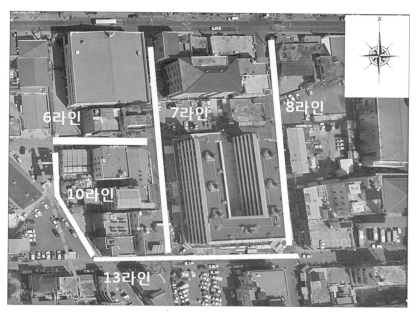

그림 46. 6~8 · 10 · 13라인전경(항공사진)

그림 47. 6라인 부분 전경(동→서)

그림 48. 6라인 토층세부(남→북)

및 유물은 출토되지 않았다.

　7라인은 3라인의 끝지점에서 김해 축협 하나로마트 주차장 입구까지 남–북 축으로 개설되는 총 연장 64m 구간이다.

　조사결과, 토층은 지표층–복토층–명황갈색 사질토층–회색 점질토층 (뻘층) 순으로 퇴적되었을 뿐, 유구 및 유물은 조사되지 않았다.

그림 49. 7라인 부분전경

그림 50. 7라인 토층세부

8라인은 조사대상지역에서 가장 동쪽 라인으로 시장약국에서 태평양
항공 입구까지 남-북 축으로 개설되는 총 연장 124m 구간에 해당한다.

조사결과, 토층은 지표층-복토층-회색 점질토층(뻘층) 순으로 퇴적되
었으며 우수박스 및 하수도 매설로 원지형이 크게 훼손되었을 뿐, 유구
및 유물은 조사되지 않았다.

그림 51. 8라인 부분전경(남→북)

그림 52. 8라인 토층세부(동→서)

10라인은 6라인의 동쪽 시작점부터 금단장까지 남-북축으로 개설되는
총 연장 78.1m 구간으로서 봉황토성 추정라인이 진행할 것으로 예상되
어 이를 염두해 두고 조사를 진행하였다.

조사결과, 토층은 지표층-복토층으로 대별되는데 서쪽에 연접하여 우
수박스가 매설되면서 원지형이 크게 훼손된 상태였으며 약 2m 깊이까지
현대 생활폐기물 등이 포함된 복토층이 형성되었을 뿐, 유구 및 유물은
조사되지 않았다.

그림 53. 10라인 부분전경(북→남)

그림 54. 10라인 토층세부(동→서)

13라인은 금단장 입구부터 김해 농협 하나로마트 입구까지 총 연장 84.5m 구간으로서 봉황토성 추정선이 진행할 것으로 예상된 지역이다.

조사결과, 봉황토성과 관련된 석열은 12라인의 동쪽지점에서 19.8m지점에서 북서–남동향으로 조사되었으며 13라인은 봉황토성의 외측에 해당하여 지표층–복토층–회색 점질토층(뻘층) 순의 퇴적양상을 보일 뿐, 유구 및 유물은 조사되지 않았다.

그림 55. 13라인 부분전경(서→동)

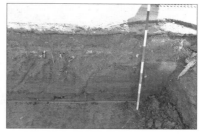

그림 56. 13라인 토층세부(북→남)

이상을 통해 볼 때, 1~3라인은 봉황토성 추정선이 연결될 가능성이 높은 지역이었으나 이미 원지형이 크게 훼손된 상태였으며 6~8·10·13라인은 봉황토성의 외측에 해당하여 해반천과 고김해만의 영향권에 포함되는 저습지로서 유적이 입지하기 어려운 환경이었던 것으로 생각된다.

Ⅲ. 조사성과

첫째, 금회 발굴조사 결과, 4·5·12라인에서 표 2와 같이 삼국시대 주거지, 수혈, 주혈 및 기 발굴조사된 봉황토성과 추정되는 석열이 조사되었다.

표 2. 지구별 조사 현황

라인명	문화층	해발(m)	유구	출토유물
4라인	2개층	6.8~7.1	1문화층 : 주거지 3동, 수혈 1기, 주혈군 2개소	외절구연고배 대각편, 파수부편, 개편 등
		6.4~7.7	2문화층 : 주거지 7동, 수혈 3기, 주혈군 4개소, 석열 2열	대호편, 저부편, 옹 구연부편, 대각편, 배신부편 등
5라인	2개층	7.1	1문화층 : 주혈군 1개소	배신부편
		6.7	2문화층 : 수혈 1기, 석열 1열	•
12라인	1개층	4.1~7.2	2문화층 : 주거지 1동, 수혈 6기, 주혈군 1개소, 석열 2열	배신부편, 대호편 연질옹 편 등

이 중, 봉황토성과 관련된 석열은 5라인(해발 4.8m), 12라인(해발 4.1m)에서 조사되었는데 기조사된 봉황토성 추정선과 동일한 방향으로 진행하여 축조수법도 유사하다. 주거지, 수혈, 주혈 등 생활유구는 봉황토성 추정선 내측의 해발 6.4~7.7m 선상에서 중층으로 조사되었으며 해발 4.0m 이하의 봉황토성 추정선 외측은 회색 점질토층(뻘층)이 형성되어 있는 것으로 조사되었다.

한편, 1~3라인은 상수도 및 하수도, 전기 박스 등으로 인해 원지형이 크게 훼손된 상태였으며 6~8, 10, 13라인은 지표층−복토층−회색 점질토층(뻘층)으로 이루어졌을 뿐 유구나 유물은 조사되지 않았다.

둘째, 4·5·12라인의 2개의 문화층에서 출토된 외절구연고배 대각편, 배신부편, 개편, 대호편, 연질 기대편 등의 유물은 인근에서 발굴조사된 봉황동 380-24번지 유적, 소방도로 진입구간내 유적, 봉황토성 등과 동일한 5세기대로 편년할 수 있다.

셋째, 이상을 종합하면, 금회 조사대상지역에서는 석열 내측에 기 발굴조사된 유적과 동시기의 생활유구가 중층으로 형성되어 있는 것으로 보아 이 일대가 당시 주거역의 중심지였던 것으로 추정된다. 한편, 금번 조사에서 봉황토성 추정라인으로 보고된 석열은 해발 4.1~4.8m 지점의 봉황대 구릉 끝자락과 해반천 및 고김해만의 접점에 설치되었는데, 이로 인해 주거역과 해반천 및 고김해만의 영향권이 명확하게 구분된다. 이러한 양상으로 볼 때, 생활역을 보호하기 위해 조성되었던 것으로 생각되므로 봉황토성에 대한 성격과 명칭에 대한 재검토가 필요한 것으로 사료된다.

넷째, 기 조사된 봉황토성 발굴조사 보고서의 사진을 참고해본 결과, 당시 지표면(도로)과 현재 지표면(도로)의 양상이 거의 동일하여 금회 조사시 정밀 GPS를 이용하여 해발고도를 측정한 결과, 봉황토성 보고서 도면상의 해발고도와 실제 해발고도가 약 1.5m 내외의 차이를 보이고 있었다. 따라서 봉황토성의 해발고도에 대한 재검토가 요구된다. 또한, 기존에 봉황토성으로 추정선으로 보고되었던 동쪽과 남쪽구간은 일부 수정이 요망된다.

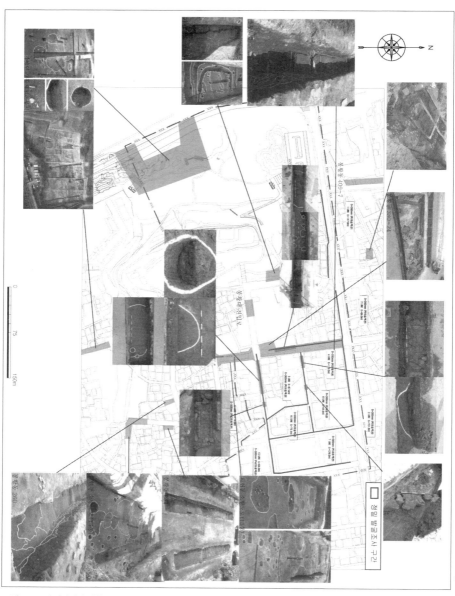

그림 57. 조사대상지역 현황도

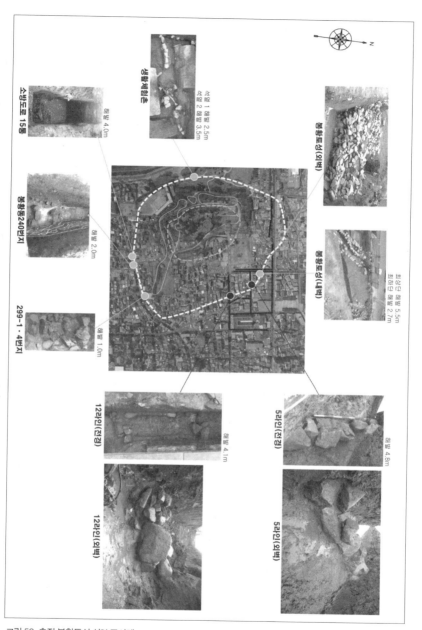

생활체험촌

석열 1 해발 2.5m
석열 2 해발 3.5m

소방도로 15통

해발 4.0m

봉황토성(외벽)

봉황토성240번지

해발 2.0m

봉황토성(내벽)

299-1·4번지

해발 1.0m

최상단 해발 5.5m
최하단 해발 2.7m

12라인(전경)

해발 4.1m

12라인(외벽)

5라인(전경)

해발 4.8m

5라인(외벽)

그림 58. 추정 봉황토성 석열 조사례

철기시대 고김해만권 출토 동물유체 연구

정찬우*

Ⅰ. 머리말

　낙동강 하류 지역은 최종빙기 최성기이후 후빙기 시대인 Holocene시기에 이르러, 해수면이 상승하기 시작하면서 선사·고대 이래 넓은 내만을 형성하였다. '고김해만'이라 불리는 이러한 내만지형은 해수면이 가장 높았던 철기시대를 정점으로 조선시대까지 오랜 기간 동안 유지되었다 (김정윤, 2009).

---

* 인제대학교박물관

봉황동유적이 입지한 낙동강 하류 고김해만권 일대는 철기시대[1]에 이르러 대규모 정주생활이 시작되었다. 해로를 통해 중국으로부터 일본에 이르는 교통로가 확립되고, 철제기술의 도래에 따른 철기문화가 시작되면서, 해안지대를 중심으로 급격한 인구증가를 초래하였다.

한편, 기원후 2~3세기경의 한랭화[2]는 식량자원의 빈곤을 야기하였다. 인구증가와 한랭화에 따른 식량부족 현상을 극복하려는 방편으로, 농경활동과 더불어 해양자원 획득이 활발히 진행되었다(김건수 1995, 최성락·김건수 2002).

이러한 대규모의 정주생활과 교역이 이루어진 곳에는 주로 자연유물을 공반하는 패총유적 또는 저습지 유적이 자리하고 있다.

현재까지 고김해만권에서 발굴조사가 이루어진 자연유물 출토 유적은 7개소이다. 각각의 유적은 灣의 外側과 入口部, 奧部에 주로 분포한다.

---

1) 본 논문의 중심시기인 철기시대는, 문화단계상 철기가 사용되는 시기부터 고총고분이 발생하기 전까지의 시기이다. 연대상으로 기원전 3세기경부터 기원후 3세기경까지이다. 철기 제조기술의 발전 및 철기의 파급과 그에 따른 청동기의 소멸, 새로운 토기문화의 등장을 기준으로 전·후기로 나눌 수 있다. 전기는 세형동검이 유행하고, 전국적으로 철 생산이 이루어지며, 점토대토기가 사용되기 시작한 시기이다. 기원전 3세기를 전후한 시기부터 기원전후까지가 여기에 해당한다.
철기시대 후기는 단조기술을 사용한 철제 무기류·농공구의 제작이 비약적으로 증가하고, 김해식토기로 대표되는 새로운 토기문화가 등장한다. 기원전후부터 시작하여 기원후 3세기에 이르는 시기이다(최성락 2004).
2) 이 시기의 기후는 자연과학적인 방법과 문헌자료(史料)를 통하여 알 수 있다. 자연과학적인 방법은 해수변동을 살펴봄으로써, 당시의 기후를 알 수 있다. 국내 일부 연구자가 이 시기를 해수면상승에 따른 고해수준기로 파악하고 있으나, 대부분은 일본 연구자들은 한랭화에 공반된 해수면의 저하현상으로 파악하고 있다. 즉 죠몬시기에 海進과 海退가 반복되나 야요이시기에는 한랭화에 따른 해퇴가 있었다고 보는 것이다.
문헌자료는『三國史記』와『增補文獻備考』에 관련된 내용이 확인된다(김연옥 1985, 서현주 논문에서 재인용). 이에 따르면, 기원전 53년에서 기원후 921년 약 1,000년 사이에 우리나라에는 暖期와 寒期가 반복되었음을 알 수 있다. 이 가운데 寒期는 100~250년과 750~950년에 나타났다(서현주 1996·2000). 이 가운데 100~250년이 철기시대에 속한다.

이들 유적에서 확인되는 자연유물 가운데 동물유체는 수렵, 채집, 어로 등으로 대변되는 생산 활동의 결과물이다. 동물유체를 통하여 환경의 복원, 생업의 활동, 유적이 형성된 계절성 파악 등 다양한 측면의 연구를 할 수 있다(김건수 1999).

본고에서는 먼저 고김해만권 철기시대 유적에서 출토한 동물유체를 유적 및 종류별로 분류한 후, 종별 개체수를 확인하였다. 여러 조사기관에서 발굴조사한 봉황동유적의 경우, 각 기관의 조사에서 출토한 동물유체를 종별로 취합하여 전체적인 개체양상을 추정하였다.

이러한 과정을 거쳐 수량화된 동물유체 자료를 분석하여 당시의 생업환경을 규명해 보고자 한다.

II. 동물유체 출토유적

고김해만권 철기시대 유적 가운데, 동물유체가 확인되어 보고서에 수록된 유적은 표 1, 그림 1과 같다. 총 7개소의 유적은 대부분 灣을 끼고 바깥쪽 또는 안쪽과 깊숙한 奧部에 분포하고 있다.

이 가운데, 정성 및 정량분석을 통하여 개체수가 확인되는 유적은 웅천패총, 용원유적, 북정패총, 봉황동유적, 신방리유적 등 5개소이다.

현재까지 확인된 동물유체는 패류 67종, 미소패류 24종, 어류 26종, 포유류 17종, 조류 17종, 양서류 1종, 파충류 3종으로 합계 155 종이다.

유적별 동물유체의 분포양상은 표 2~표 6과 같다.

표 1. 고김해만권 철기시대 동물유체 출토유적

유 적	위치	유 구	인공유물
웅 천	灣外側	패총	적갈색연질토기, 회청색경질토기, 토제어망추, 방추차, 철도자, 골촉, 작살 등
용 원		패총, 주거지, 고상가옥	적갈색연질토기, 회청색경질토기, 토제어망추, 방추차, 철도자, 골촉 등
북 정	灣內側	패총	적갈색연질토기, 토제어망추, 철도자 등
봉황동	灣奧部	패총, 주거지, 환호	적갈색연질토기, 회청색경질토기, 토제어망추, 방추차, 철도자, 골촉, 화천 등
부원동		패총, 주거지, 저장혈, 분묘군	적갈색연질토기, 회청색경질토기, 토제어망추, 방추차, 철도자, 첨두기, 복골 등
다방리		패총, 수혈, 방어호	적갈색연질토기, 회청색경질토기, 등
신방리		패각층, 주거지, 공방지, 고상가옥, 주혈군	회청색경질토기, 골각기, 목제품 등

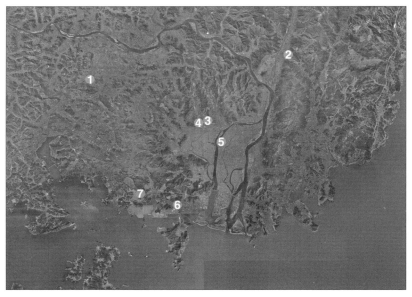

그림 1. 고김해만권 철기시대 동물유체 출토유적
① 신방리유적 ② 다방리패총 ③ 부원동유적 ④ 봉황동유적 ⑤ 북정패총 ⑥ 용원유적 ⑦ 웅천패총

표 2. 고김해만권 철기시대 유적출토 복족류 일람표

구분	종 명	웅 천	용 원	북 정	봉황동	부원동	다방리	산방리
海 水	전복		○			○		
	오분자기				○			
	삿갓조개과				○			
	애기삿갓조개				○			
	큰배말				○			
	두드럭배말				○			
	테두리고둥				○			
	밤고둥				○	○	○	
	구멍밤고둥				○			
	명주고둥				○			
	애기밤고둥				○			
	팽이고둥				○			
	보말고둥	○	○		○			
	개울타리고둥				○	○		
	비단고둥					○		
	소라	○	○	○	○	○		
	눈알고둥	○	○					
	갈고둥				○			
	총알고둥		○	○				
	큰뱀고둥		○		○	○		
	침배고둥				○			
	기생고깔고둥				○	○		
	갯비틀이고둥				○			
	비틀이고둥				○			
	얼룩비틀이고둥				○			
	동다리	○	○					
	갯고둥		○		○	○	○	
	댕가리		○		○			
	점갯고둥				○			
	큰구슬우렁이				○			
	피뿔고둥		○		○	○		○
	맵사리				○			
	두드럭고둥	○		○	○	○		
	대수리				○			
	물레고둥				○			
	두드럭털탑고둥				○			
	송곳고둥과				○			
	갈비큰송곳고둥				○			
淡 水	논우렁이		○			○		
	큰논우렁이				○			○
	다슬기				○	○		
	주름다슬기				○			○
	좀주름다슬기							○
합 계 (종)		5	10	4	37	16	2	4

표 3. 고김해만권 철기시대 유적출토 부족류 일람표

구 분	종 명	웅 천	용 원	북 정	봉황동	부원동	다방리	신방리
淡 水	빌로드복털조개			○				
	꼬막			○	○	○		
	새꼬막		○		○			○
	투박조개				○			
	홍합		○	○	○	○		
	굵은줄격판담치				○			
	가리비과				○			
	국자가리비							○
	가리비	○						
	국화조개					○		
	잠쟁이					○		
	토굴	○						
	참굴	○	○	○	○	○	○	○
	돌고부지		○	○	○			
	반지락	○						○
	백합	○	○	○	○	○	○	○
	가무락조개	○			○			○
	떡조개				○			
	동죽	○				○		
	갈매기조개사촌				○			
	재첩			○	○	○		○
淡 水	말조개			○	○			
합 계 (종)		7	6	8	15	8	2	7

표 4. 고김해만권 철기시대 유적출토 미소패류 일람표

구 분		종 명	용 원	북 정	신방리
陸 産		번데기우렁이		○	○
		참깨알달팽이	○		
		울릉도모래고둥			○
		실주름달팽이			○
		입술대고둥아재비	○		
		부산입술대고둥	○	○	○
		큰입술대고둥	○		
		대고둥과			○
		대고둥		○	○
		각시대고둥		○	○
		미야나가대고둥			○
		호박달팽이	○		
		하와이호박달팽이		○	
		밤달팽이과			○
		남방밤달팽이	○		
		울릉도밤달팽이			○
		달팽이과			○
		달팽이아재비	○		
		울릉도평탑달팽이			○
		부산기장달팽이	○		
淡 水		배꼽또아리물달팽이			○
海 産		쇄알고둥			○
		기수우렁이	○		○
		부푼층회오리고둥			○
합 계 (종)			9	5	16

표 5. 고김해만권 철기시대 유적출토 어류 일람표

구 분	종 명	웅 천	용 원	북 정	봉황동	신방리
淡 水	잉어				○	
	메기				○	
內 灣	가오리	○	○		○	
	갯장어				○	
	정어리		○			
	쏨뱅이			○		
	양태		○		○	
	농어		○		○	○
	감성돔		○	○	○	
	민어			○	○	
	숭어		○		○	
	놀래기과				○	
	광어과				○	
	참복과					○
	복어	○	○		○	○
外 海	곱상어		○			
	돔발상어과				○	
	상어		○		○	
	대구			○		
	전갱이		○			
	방어		○			
	돔과		○		○	○
	참돔		○		○	
	물퉁돔	○				
	고등어		○		○	
	참치과		○			
합 계 (종)		3	15	4	17	4

표 6. 고김해만권 철기시대 유적출토 동물뼈 일람표

구분	종 명	웅 천	용 원	북 정	봉황동	부원동	다방리	신방리
哺乳類	사슴	○	○	○	○	○	○	○
	노루		○		○			○
	고라니				○			○
	멧돼지	○	○		○	○		○
	개		○	○	○			○
	소		○		○	○		○
	말	○			○	○		○
	양				○			
	곰				○			
	쥐			○	○			
	너구리		○		○			
	멧토끼				○			
	고양이				○			
	수달		○					
	고래목				○			
	돌고래류				○			
	강치		○		○			○
鳥 類	오리과				○			○
	오리			○				
	꿩		○		○			○
	닭			○				
	까마귀		○					
	매과				○			
	갈매기과				○			○
	가마우지		○		○			
	백로과		○					
	왜가리과							○
	고방오리							○
	청둥오리		○					
	아비과		○		○			
	논병아리		○					
	학과				○			
	재두루미							○
	수리과		○					
兩棲類	개구리류				○			
爬蟲類	자라				○			
	남생이과				○			
	바다거북과				○			
합	계 (종)	3	17	5	28	4	1	14

III. 동물유체의 분류

1. 패류

  고김해만권 철기시대 동물유체 출토유적에서 확인한 패류는 64종 9,587개체이다. 그림 2에 따르면, 참굴 39.2%, 백합 14.2%, 주름다슬기 9.9%, 갯고둥 5.6% , 큰논우렁이 5.5%, 얼룩비틀이고둥 4.2%, 애기밤고둥 2.5% 순으로 나타난다. 연안 또는 파식대 암초에 서식하는 참굴, 애기밤고둥이 50% 이상을 차지하며, 백합, 갯고둥, 얼룩비틀이고둥 등 사니질개펄에 서식하는 패류 또한 절반 가까운 분포로 나타난다. 고김해만 일대 연안에 다수의 암초가 개펄이 형성 되어 있었음을 알 수 있다.

  그림 3은 유적별 패류 분포를 나타낸다. 얼룩비틀이고둥과 애기밤고둥은 봉황동유적에서만 확인된다. 참굴 83.6%, 주름다슬기 88.2%, 갯고둥 96.4%는 봉황동유적에서 압도적인 비율로 나타난다. 백합은 55.2%가 봉황동유적에 분포한다. 봉황동유적에서 확인되는 이들 패류는 만의 내측이나 오부(澳部)의 암초와 사질 또는 사니질개펄에 분포하는 종이다.

  담수패류인 큰논우렁이는 고김해만의 가장 깊숙한 곳에 자리한 신방리유적에 97.9%가 확인되며, 나머지는 2.1%는 봉황동유적에 나타난다.

  표 7에서 살펴본 유적별 패류 개체수 분포는 다음과 같다.

  용원유적에서는 16종 235개체의 패류가 분포한다. 참굴 111개체, 홍합 76개체, 갯고둥 19개체, 눈알고둥 16개체, 보말고둥 4개체, 소라 3개체 순으로 확인된다. 갯고둥을 제외하면, 만 외측 또는 파식대 암초에 서식하는 패류의 개체수가 많다.

  이러한 패류 분포를 통하여, 당시 용원유적 주변 해안에 암초성 바위가 다수 존재하였으며, 암초(바위)주변을 중심으로 패류채취를 진행하였음을 추정 할 수 있다. 즉, 바다 위 바위에 부착한 참굴 등은 빗창으로 채취하였으며, 바다 아래 암초의 홍합, 소라 등은 빗창을 휴대하고 잠수하여 채취하였던 것으로 생각된다.

북정패총에서는 10종 73개체가 나타난다. 돌고부지 33개체, 참굴 21개체로서 가장 많이 확인된다. 돌고부지는 참굴에 기생하여 서식 하는 패류로 크기가 매우 작아 식용할 수 없다. 유적을 형성한 당시인들이 거주지 주변 바위를 중심으로 활발한 굴 채취행위를 진행하였음을 보여 준다.

봉황동유적에서는 51종 6989개체의 패류가 확인된다. 참굴 3141개체, 주름다슬기 839개체, 백합 753개체, 갯고둥 516개체, 얼룩비틀이고둥

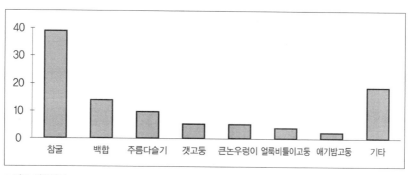

그림 2. 패류분포

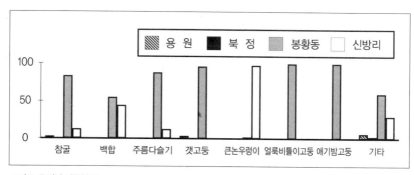

그림 3. 유적별 패류분포

표 7. 유적별 패류 일람표

水域	位置	低價	種 名	용 원	북 정	봉황동	신방리	합계(개체)
沿海水	灣外側	岩礁	전복	3				3
			오분자기			2		2
			삿갓조개과			2		2
			애기삿갓조개			23		23
			큰배말			77		77
			밤고둥			34		34
			팽이고둥			6		6
			보말고둥	4		1		5
			소라	3		93		96
			갈고둥			2		2
			총알고둥	1	3			4
			갈비른송곳고둥			1		1
			침배고둥			13		13
			가생고깔고둥			19		19
			두드럭고둥		2	25		25
			대수리			63		63
			물레고둥			10		10
			굵은줄격격판담치			17		17
			홍합	76	3	16	3	98
		砂泥質	두드럭털탑고둥			1		1
			가리비과			1		1
			국자가리비				1	1
		砂質	송곳고둥과			26		26
			투박조개			1		1
	灣口部	砂礫質	두드럭배말			2		2
內灣水	波食臺	岩礁	구멍밤고둥			52		52
			명주고둥			53		53
			애기밤고둥			241		241
			개울타리고둥			7		7
			눈알고둥	16				16
			큰뱀고둥	7		1		8
			맵사리			1		1
			빌로드복털조개		1			1
			참굴	111	21	3141	483	3756
			돌고부지	1	33	4		38
			갈매기조개사촌			23		23
	灣中央部	砂質	피뿔고둥	4		6	111	121
			반지락	1		6	18	25
			백합	1	1	753	608	1363
			떡조개			1		1
		砂泥質	갯비틀이고둥			7		7
			비틀이고둥			24		24
			얼룩비틀이고둥			407		407
			갯고둥	19		516		535
			동다리	4		34		38
			댕가리	1		13		14
			큰구슬우렁이			1		1
			새꼬막	1		13	102	116
	灣奧部	泥質	점갯고둥			126		126
			꼬막		1	4		5
			가무락조개			54	65	119
	河口	砂泥質	재첩		7	188	1	196
	淡 水		큰논우렁이			11	519	530
			논우렁이			37		37
			좀주름다슬기				249	249
			주름다슬기			839	112	951
			말조개		1	5		6
합 계 (개체)				253	73	6989	2272	9587

407개체, 애기밤고둥 241개체, 재첩 188개체, 점갯고둥 126개체, 소라 93개체, 큰배말 77개체, 대수리 63개체, 가무락조개 54개체 등이 분포한다.

만 외측 및 파식대 암초(참굴, 애기밤고둥, 소라, 큰배말, 대수리), 기수역(재첩), 사질 또는 사니질개펄(백합, 갯고둥, 얼룩비틀이고둥), 니질개펄(점갯고둥, 가무락조개), 담수(주름다슬기)에 서식하는 패류가 고르게 나타난다. 이를 통하여, 유적이 형성될 당시 해안가에 암초성 바위와 사(니)질개펄이 넓게 분포하고 있었으며, 현재 유적 주변을 흐르는 해반천이 당시에도 존재하여 해수와 담수가 만나는 지점을 형성하고 있었음을 추측할 수 있다.

고김해만의 가장 깊숙한 곳에 자리한 신방리유적에서는 12종 2272개체가 분포한다. 백합 608개체, 큰논우렁이 519개체, 참굴 483개체, 좀주름다슬기 249개체, 다슬기 112개체, 피뿔고둥 111개체 등이 확인된다. 피뿔고둥은 신방리유적에서만 거의 대부분 나타나는 해산패류이다.

다수의 담수패류가 분포하는 점에서, 당시 이곳이 다른 유적보다 담수의 영향을 많이 받은 유적이었음을 짐작할 수 있다. 해산패류인 참굴, 백합, 피뿔고둥을 통해, 유적 주변 해안에 바위와 사질개펄이 형성되어 있었던 것으로 생각된다.

2. 미소패류

미소패류를 통하여, 유적이 형성될 당시의 주변 환경과 생업환경을 알수 있다. 육산패류는 패총이 형성될 시기에 서식하던 육산달팽이가 죽은 것이다. 해산패류는 식용패류나 해조류를 채집할 때, 표면에 부착하여 서식하던 소형 패류가 딸려온 것이다.

철기시대 고김해만권에서 미소패류가 확인된 유적은 용원유적, 북정유적, 신방리유적이다. 24종 3726개체가 분포한다. 기수우렁이 748개체, 큰입술대고둥 662개체, 대고둥과 472개체, 대고둥 336개체, 울릉도밤달팽이 272개체, 참깨알달팽이 209개체, 남방밤달팽이 176개체, 부푼층회오리고둥 156개체, 실주름달팽이 122개체, 번데기우렁이 116개체, 각시대고둥 113개체 순으로 나타난다. 이들 미소패류의 서식환경은 표 8과 같다.

표 8. 주요 미소패류 서식환경

종 명	서 식 환 경
번데기우렁이	낙엽수림 아래 또는 돌
참깨알달팽이	큰 나무 아래 부식중인 낙엽
울릉도모래고둥	낙엽 밑, 자갈밭의 돌 사이
실주름달팽이	밭가 버드나무 아래 낙엽이나 돌 밑
입술대고둥아재비	밭가나 절터, 동굴의 입구, 흙이 약간 마른 곳
부산입술대고둥	고목 아래, 밭가의 관목림 사이
큰입술대고둥	활엽수림의 낙엽 밑
대고둥과	밭, 산기슭, 동굴 안쪽
대고둥	밭가 돌 아래, 오래된 정원, 산의 자갈밭
가시대고둥	산의 자갈밭, 밭가의 돌 밑
미야나가대고둥	밭가 돌 아래, 산기슭
호박달팽이	낙엽 밑
하와이호박달팽이	돌 아래, 주택가 담 밑
밤달팽이과	숲 속 낙엽 아래
남방밤달팽이	습기 있는 숲 속 낙엽 아래
울릉도밤달팽이	습도 높고 부패 중인 낙엽 아래
달팽이과	숲 속 낙엽 밑
달팽이아재비	건조한 흙, 작은 돌무덤 사이
울릉도평탑달팽이	낙엽 밑, 돌 아래
부산기장달팽이	낙엽 밑, 돌 아래
배꼽또아리물달팽이	논, 강가의 돌이나 수초 아래
쇄끝알고둥	조간대 돌 밑
기 수 우 렁 이	河口 모래밭
부푼층회오리고둥	조간대 아래 모래나 진흙

그림 4와 표 9에서 유적별 미소패류 분포를 살펴보면 다음과 같다.

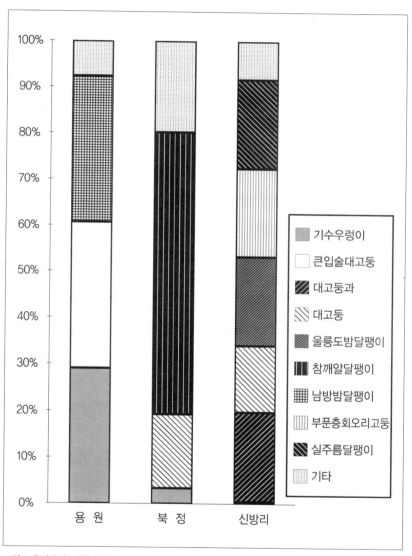

그림 4. 유적별 미소패류 분포

표 9. 유적별 미소패류 일람표

구 분	종 명	용 원	북 정	신방리	합계 (개체)
陸 産	번데기우렁이		60	56	116
	참깨알달팽이		209		209
	울릉도모래고둥			8	8
	실주름달팽이			122	122
	입술대고둥아재비	88			88
	부산입술대고둥	9	8	61	78
	큰입술대고둥	662			662
	대고둥과			472	472
	대고둥		88	248	336
	가시대고둥		33	80	113
	미야나가대고둥			8	8
	호박달팽이	39			39
	하와이호박달팽이		53		53
	밤달팽이과			21	21
	남방밤달팽이	176			176
	울릉도밤달팽이			272	272
	달팽이과			9	9
	달팽이아재비	3			3
	울릉도평탑달팽이			2	2
	부산기장달팽이		32		32
淡 水	배꼽또아리물달팽이			1	1
海 産	쇄풀알고둥			2	2
	기수우렁이	687	41	20	748
	부푼층회오리고둥			156	156
합 계 (개체)		1664	524	1538	3726

　　용원유적에서는 큰입술대고둥 전체, 기수우렁이의 91.8%, 남방밤달팽
이 10.6%가 분포한다. 기수우렁이는 河口나 汽水域의 옅은 모래바닥에
산다. 큰입술대고둥은 활엽수림의 낙엽 밑에 서식한다. 남방밤달팽이는
습기 있는 숲 속의 낙엽 밑에 서식한다. 해수와 담수가 만나 좋은 어장을

이루고, 주변이 울창한 활엽수림으로 둘러싸여 수렵 및 채집에 유리한 환경을 갖춘 곳에 용원유적이 입지한 것으로 추정된다.

북정패총에는 참깨알달팽이의 전체, 대고둥 26.2%, 기수우렁이 5.5%가 나타난다. 참깨알달팽이는 큰 나무 밑의 부식 중인 낙엽에 붙어 있다. 이들 미소패류를 통해 당시 북정패총은 낙엽수림이 우거진 곳에 자리 했던 것으로 볼 수 있다.

신방리유적에서는 대고둥과·울릉도밤달팽이·부푼층회오리고둥·실주름달팽이 전체, 대고둥 73.8%, 기수우렁이 2.7%가 확인된다. 대고둥과는 밭, 산기슭의 습한 곳에 서식하며, 울릉도밤달팽이는 습도가 높고 부패 중인 낙엽 밑에 산다. 실주름달팽이는 밭 주변 버드나무 아래 낙엽이나 돌 밑에 분포한다. 부푼층회오리고둥은 조간대 아래 모래나 진흙에 서식한다. 당시 이곳에 울창한 낙엽수림지대가 존재했던 것으로 추정해 볼 수 있다. 해수 미소패류인 부푼층회오리고둥을 통해, 당시 고김해만 깊숙한 곳까지 해수의 영향이 미쳤음을 짐작할 수 있다.

3. 어류

고김해만권 철기시대유적에서 확인한 어류는 25종 742점이다. 담수 어류 2종 20점, 내만성 어류는 13종 355점, 외해성 어류는 10종 367점이다.

그림 5의 어류분포를 살펴보면, 참돔 22.8%, 감성돔 16.4%, 돔과 12.3%, 농어 10.9%, 가오리 6.1%, 전갱이 5.4%, 돔발상어과 4.7%, 민어 4.2%, 잉어 2.6%, 기타 14.6%로 나타난다. 내만성 어류와 외해성 어류가 비교적 고르게 나타난다.

그림 6과 표 10에서 확인되는 유적별 어류의 분포는 다음과 같다.

먼저, 용원유적에서는 15종 360점 분포한다. 참돔의 89.9% 152점, 돔과 50.5% 46점, 전갱이의 100% 40점이 확인된다. 곱상어와 돔발상어과 등 상어류도 11점 출토되었다. 이외에 감성돔의 27% 33점, 농어 40.7% 33점이 있다.

외해성 어류의 비중이 내만성 어류보다 높다. 참돔을 비롯한 돔과는 산란기인 5월에서 6월에 만의 입구로 이동하는 성향이 있다. 따라서 만 입구에 자리한 용원유적에서는 늦봄에서 초여름에 이르는 시기에 낚시를 이용한 참돔 포획을 진행한 것으로 생각된다. 대표적인 외해성 어류인 상어류의 존재를 통하여, 당시인들이 배를 타고 외해로 이동하여 조업하는 경우도 있었음을 짐작할 수 있다.

또한 만 입구 또는 외해에서뿐 아니라, 만 내측으로 이동하여 감성돔을 비롯한 내만성 어류의 포획도 병행하였던 것으로 추정된다.

북정패총에서는 어류가 4종 18점만이 분포하고 있어, 전체적인 양상을 파악하는 데 어려움이 따른다. 다만, 다른 유적에서 나타나지 않는 대구가 10점으로 절반이상 점유하고 있는 점이 주목된다.

외해성 어류인 대구는 리만해류를 따라 남하, 산란기인 12월에서 1월경 수심이 얕은 연안으로 찾아드는 습성을 가진다. 북정유적을 형성한 당시인들은 주로 겨울에 고김해만 입구로 이동하여 대구를 포획한 것으로 생각된다.

봉황동유적에서는 17종 302점이 나타난다. 감성돔 69.7% 85점, 농어 59.3% 48점, 가오리 84.4% 38점, 돔발상어과 77.1% 27점, 참돔 10.1% 17점 등이 확인된다.

내만성어류의 비중이 높다. 봉황동유적 주변 연안을 중심으로 한 고김해만 내부가 주 어업활동 장소였던 것으로 추정된다. 돔발상어과, 참돔 등 외해성 어류는 늦봄에서 초여름과 같은 특정한 시기에 만입구로 이동하여 포획한 것으로 생각된다.

신방리유적에서는 3종 62점이 확인된다. 내만성어류인 참복과는 이 유적에서만 18점이 나타나며, 이외에 복어 2점이 있다. 외해성 어류인 돔과의 46.2% 42점이 분포하는 점이 주목된다. 만 입구에 자리한 용원유적 다음으로 많은 수가 고김해만의 가장 깊숙한 유적에서 확인된다. 신방리 유적을 형성한 사람들은 특정시기 만 내부와 입구 또는 외해까지 이동하여 어류포획을 전개한 것으로 생각된다. 이러한 양상은 후술할 강치포획 활동과 밀접한 연관이 있는 것으로 생각된다.

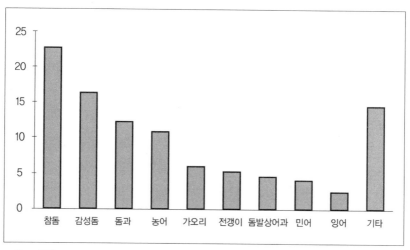

그림 5. 어류분포

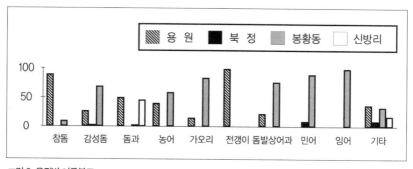

그림 6. 유적별 어류분포

표 10. 유적별 어류 일람표

구 분	종 명	용원	북정	봉황동	신방리	합 계 (점)
淡 水	잉 어			19		19
	메 기			1		1
	소 계			20		20
內 灣	가오리	7		38		45
	갯장어			12		12
	정어리	7				7
	쏨뱅이		1			1
	양 태	5		2		7
	농 어	33		48		81
	감성돔	33	4	85		122
	민 어		3	28		31
	숭 어	9		6		15
	놀래기과			1		1
	광어과			1		1
	참복과				18	18
	복 어	2		10	2	14
	소 계	96	8	231	20	355
外 海	곱상어	3				3
	돔발상어과	8		27		35
	상 어			3		3
	대 구		10			10
	전갱이	40				40
	방 어	1				1
	돔 과	46		3	42	91
	참 돔	152		17		169
	고등어	8		1		9
	참치과	6				6
	소 계	264	10	51	42	367
합	계 (점)	360	18	302	62	742

4. 포유류

　포유류는 17종 4686점이 분포한다. 육지포유류는 14종 4394점이며, 해상포유류는 3종 292점이다.

　그림 7의 포유류 분포상황을 살펴보면, 사슴 68.7%, 멧돼지 16.3%, 강치 6.1%, 소 3.4%, 개 1.9%, 말 1.3%, 노루 0.9%, 쥐 0.7% 순으로 나타난다.

　사슴은 일반적으로 철기시대 패총유적에서 가장 많이 확인되는 동물유체이다. 해상포유류인 강치의 빈도가 멧돼지 다음으로 나타나는 점이 특징이다.

　유적별 포유류의 분포양상은 그림 8과 표 11과 같다.

　웅천패총에서는 3종 105점이 확인된다. 사슴 2.9% 93점, 멧돼지 1.2% 9점, 말 5% 3점이다. 발굴조사 이후 정식 조사보고서를 발간하지 않았고, 동물유체의 극히 일부만 동정을 진행한 상태이므로, 향후 동물유체 전체를 대상으로 한 동정과 개체 수 확인이 절실하다. 비교적 고지대에 입지한 유적임에도 말의 존재가 확인되는 점이 주목된다.

　용원유적에서는 8종 595점이 분포한다. 사슴 10.5% 338점, 멧돼지 8.1% 62점, 강치 58% 428점 등이 나타난다. 이 가운데 강치가 고김해만권 유적 출토 수량의 절반이상을 점유하고 있다. 강치는 고김해만권 유적과 인접한 우리나라 동해안에 서식하는 해상포유류이다. 고김해만권과 더불어 부산을 중심으로 한 동남해안권 철기시대 유적에서 출토빈도가 높다.

　용원유적을 형성한 당시인들이 외해에서 활발한 강치잡이 활동을 전개한 것으로 생각된다.

　용원유적에서는 5점의 수달도 확인된다. 수달은 주로 내수면 하천에 서식한다. 이를 통하여, 당시 이 지역 거주민들이 만 내부로 이동하며 수렵·채집활동을 전개하였음을 추정할 수 있다.

북정패총에서는 3종 29점이 확인되었다. 사슴과 개는 유적이 형성될 당시에 포획활동을 통하여 남겨진 동물유체이다. 그러나 쥐의 경우 유적이 형성된 이후 유입되었을 가능성이 높다.

봉황동유적에서는 16종 4371점이 확인된다. 사슴 77.5% 2489점, 멧돼지 71% 577점, 소 89.9% 143점, 강치 36.1% 104점, 말 68.3% 41점, 개 41.4% 36점, 쥐 40.6% 13점 등이 분포한다. 이외에 해상포유류인 고래목 2점과 돌고래류 2점이 봉황동유적에서만 출토한다.

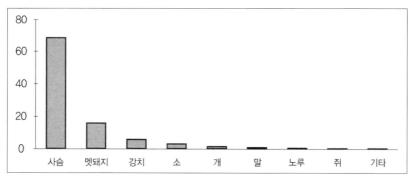

그림 7. 포유류 분포

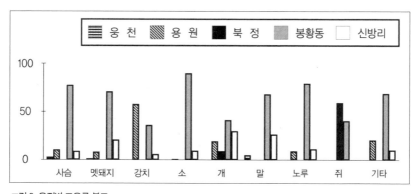

그림 8. 유적별 포유류 분포

고김해만권 출토 동물유체의 대다수가 봉황동유적에 집중적으로 나타 난다.

수렵 대상인 사슴, 멧돼지와 가축화된 소, 말, 개가 함께 나타난다.

강치의 빈도가 높게 나타나며, 고래류도 일부 확인되는 점으로 미루어, 당시인들이 외해로 나아가 활발한 강치잡이 및 고래 포획활동을 전개하 였음을 짐작할 수 있다.

신방리유적에서는 8종 486점이 확인된다. 사슴 9.0% 290점, 멧돼지 20.9% 114점, 개 29.9% 26점, 강치 5.9% 17점, 말 26.7% 16점, 소 9.4%

표 11. 유적별 포유류 일람표

구 분	종 명	웅 천	용 원	북 정	봉황동	신방리	합 계 (점)
陸 上	사슴	93	338	2	2489	290	3221
	노루		4		35	5	44
	고라니				4	3	7
	멧돼지	9	62		577	114	762
	개		17	8	36	26	87
	소		1		143	15	159
	말	3			41	16	60
	양				1		1
	곰				1		1
	쥐			19	13		32
	너구리		1		3		4
	멧토끼				3		3
	고양이				8		8
	수달		5				5
	소계	105	428	29	3363	469	4394
海 上	고래목				2		2
	돌고래류				2		2
	강치		167		104	17	288
	소계		167		108	17	292
합	계 (점)	105	595	29	3471	486	4686

15점 순으로 나타난다. 봉황동유적 다음으로 사슴, 멧돼지, 개, 강치의 빈도수가 높다. 특히 만의 가장 깊숙한 곳에 입지한 유적임에도 강치의 빈도가 용원유적, 봉황동유적 다음으로 높다. 이를 통하여, 철기시대 고 김해만권 일대에서는 만의 奧部 및 내·외측에 입지한 유적 모두에서 만 입구와 외해로 이동하여 전개하는 강치잡이가 이루어졌던 것으로 추정된다.

5. 조류

17종 616점이 분포하고 있다. 텃새 8종 578점, 여름철새 2종 3점, 겨울철새 7점 35점이 확인된다.

그림 9의 조류분포를 살펴보면, 꿩 41.9%, 오리과 29.1%, 갈매기과 8.4%, 매과 6.8%, 가마우지 6.3%, 청둥오리 2.9%의 빈도를 나타낸다. 텃새류, 특히 단백질 공급원으로 활용되었을 것으로 추정되는 꿩 및 오리과 조류의 빈도가 압도적이다.

그림 10과 표 12의 유적별 조류분포를 분석하면 다음과 같다.

용원유적에서는 9종 76점이 나타난다. 가마우지 97.4% 38점, 청둥오리 100% 18점, 꿩 5% 13점이 확인된다. 텃새의 비중이 높다. 텃새인 가마우지는 암초가 많은 해안의 절벽이나 암초에 서식한다. 따라서 용원유적의 가마우지는 만 입구이며, 해안에 암초성 바위가 발달한 곳에 입지하였던 유적 주변에서 서식하였던 것으로 추정된다.

철새 가운데, 청둥오리, 아비과, 논병아리는 9월부터 이듬해 4월경까지 한국에 머무는 겨울철새이다. 주로 강 하구와 연안에 서식한다. 겨울철 패류채취 또는 수렵활동과정에서 획득된 것으로 보인다.

여름철새 가운데 1점이 출토한 백로과는 4월부터 9월 사이 확인되는 여

름철새이다. 못·습지·하천 등 물가에 자리한 침엽수 또는 활엽수림에 서
식한다. 여름철 삼림지대에서의 수렵활동을 전개하는 과정에서 획득한
것으로 생각된다.

북정패총에서는 2종 6점이 분포한다. 오리 1점, 닭 5점만이 확인되는
데, 가축화 되어, 단백질 공급원으로 활용되었던 것으로 생각된다.

봉황동유적에서는 8종 519점을 확인하였다. 꿩 97.8%, 오리과 97.8%
175점, 갈매기과 72% 49점, 매과 97.7% 41점의 비중을 차지한다. 텃새가
조류 구성의 대부분을 점유한다.

대다수를 점유하는 꿩의 경우, 개활지 수풀을 중심으로 한 전문적인 사
냥을 통하여 포획한 것으로 생각된다. 오리과는 유적 주변에 공간을 마
련하여 사육되어 주요 단백질 공급원으로 활용되었을 것으로 추정된다.
갈매기과의 높은 빈도를 통하여, 당시 유적 주변이 암초와 개펄이 발달

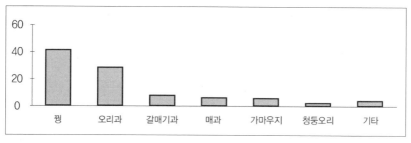

그림 9. 조류분포

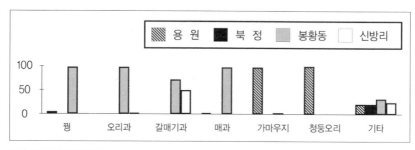

그림 10. 유적별 조류분포

표 12. 유적별 조류 일람표

구 분		종 명	용 원	북 정	봉황동	신방리	합 계 (점)
텃새		오리과			175	4	179
		오리		1			1
		꿩	13		244	1	258
		닭		5	1		6
		까마귀	1				1
		매과	1		41		42
		갈매기과			49	3	52
		가마우지	38		1		39
		소계	53	6	511	8	578
철새	여름	백로과	1				1
		왜가리과				2	2
	겨울	고방오리				3	3
		청둥오리	18				18
		아비과	2		2		4
		논병아리	1				1
		학과			6		6
		재두루미				2	2
		수리과	1				1
		소계	23		8	7	38
합	계 (점)		76	6	519	15	616

한 해안가였음을 다시 한 번 확인할 수 있다.

겨울철새 가운데 아비과는 겨울철 해안가에 서식한다. 학과는 개펄이나 습초지에 서식한다. 이들 철새는 겨울철 패류채취 또는 수렵활동 과정에서 획득한 것으로 생각된다.

신방리유적에서는 6종 15점이 확인된다. 텃새와 철새가 비슷한 비중으로 나타난다. 텃새인 갈매기과 3점의 존재를 통하여, 당시 유적 주변이 해안가 또는 해수의 영향을 강하게 받았던 지역이었음을 추정할 수 있다.

2점이 확인된 왜가리과는 4월부터 9월 사이 확인되는 여름철새이다.

저수지·습지·하천 등 물가에 자리한 침엽수 또는 활엽수림에 서식한다. 여름철 삼림지대에서 획득한 것으로 생각된다.

겨울철새인 고방오리는 호수나 저수지에 서식하며, 재두루미는 큰 강의 하구·개펄·습지 등에 분포한다. 당시 유적 주변에서 패류채취 또는 기타 경제활동 과정에서 획득한 것으로 추측된다.

6. 양서류 및 파충류

봉황동유적에서만 4종 88점이 확인되었다. 양서류는 개구리류 2점만 확인되었고, 파충류는 자라 1점, 남생이과 33점, 바다거북과 52점 분포한

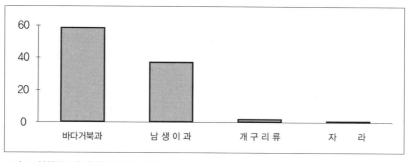

그림 11. 봉황동유적 양서류 및 파충류 분포

표 13. 봉황동유적 양서류 및 파충류 일람표

구 분	종 명	봉황동	합 계 (점)
양서류	개구리류	2	2
	소 계	2	2
파충류	자 라	1	1
	남생이과	33	33
	바다거북과	52	52
	소 계	86	86
합 계 (점)		88	88

다. 민물에 서식하는 개구리류, 자라, 남생이과를 통해 봉황동유적 주변으로 해수와 만나는 하천이 존재하였음을 추정할 수 있다.

외해에 서식하다가 산란기에 해안가로 이동하는 바다거북과의 비중이 높은데, 당시인들이 만 입구와 외해로 이동하여 강치포획 및 외해어업을 전개하는 과정에서 포획한 것으로 생각된다.

IV. 동물유체로 본 생업환경

이상에서 살펴 본 고김해만권 철기시대 유적 출토 동물유체를 통하여, 당시의 생업양상을 정리하면 다음과 같다.

첫째, 고김해만권 유적은 주로 암초와 사질 또는 사니질개펄이 발달한 해안가이며, 낙엽수림이 우거진 삼림지대와 인접한 곳에 입지하였던 것으로 추정된다. 생업활동에 있어 많은 비중을 차지하는 패류채취, 어로 및 수렵활동이 모두 용이한 곳에 정주공간을 마련한 것으로 생각된다.

신방리유적의 경우 만의 가장 깊숙한 곳에 입지함에도, 해산 미소패류인 부푼층회오리고둥이 다량 확인된다. 이를 통하여 당시 이 지역에 조간대 사질개펄이 존재하였음을 추정할 수 있다.

둘째, 모든 유적에서 공통적으로 확인되는 패류채취의 주요 대상은 참굴이다. 참굴 해안가 주변 암초에 서식하는 패류로, 가장 손쉽게 채취할 수 있는 식용패류였다. 주로 늦가을에서 늦봄에 걸쳐 빗창을 활용하여 채취하였을 것으로 추정된다.

참굴 이외의 패류는 유적에 따라 채취대상이 다르게 나타난다. 만 입구, 암초가 많은 곳에 자리했던 용원유적에서는 홍합, 보말고둥, 소라,

전복 등 바다 아래 암초에 서식하는 패류들이 주로 확인된다. 인공유물인 빗창의 존재는 확인되지 않았으나, 이와 유사한 도구를 사용하여 잠수를 통해 패류를 채취한 것으로 생각된다.

만 중앙부 북정패총에서는 굴과 돌고부지가 주류를 이룬다. 돌고부지는 굴에 기생 서식하는 패류로 크기가 매우 작아 식용을 목적으로 채취한 것으로 보기 어렵다. 굴을 채취할 때 함께 옮겨진 것으로 생각되므로, 겨울철에 굴 중심의 패류채취가 전개된 것으로 생각된다.

암초와 개펄이 고루 발달한 봉황동유적의 경우, 참굴 외에 백합, 갯고둥, 얼룩비틀이고둥 등 조간대 사질 또는 사니질개펄에 주로 서식하는 식용패류를 채취한 것으로 추정된다. 백합은 가을에서 겨울에 이르는 기간동안 썰물의 사질개펄에서 채취하였으며, 갯고둥, 얼룩비틀이고둥은 사니질개펄에서 연중 손쉽게 획득하였을 것으로 생각된다.

또한 주름다슬기, 논우렁이 등 다량의 담수패류가 확인되는 점에서 현재도 유적 주변을 흐르는 해반천이 당시에도 존재하였으며, 이를 통한 담수패류의 채취가 활발히 진행되었음을 알 수 있다.

만 외측 개펄에 서식하는 송곳고둥과도 확인되나, 패류채취가 주목적이 아닌 외해어업의 과정에서 생긴 부산물로 생각된다.

신방리유적에서는 백합이 참굴 보다 많은 개체수를 보인다. 유적 주변 사질개펄과 암초가 형성된 곳에서 겨울철을 중심으로 패류채취가 이루어졌음을 짐작할 수 있다.

담수에 서식하는 좀주름다슬기 등 담수패류도 채취하여 식량자원으로 활용하였던 것으로 추정된다.

유적별 패류채취 양상을 종합하면, 철기시대 고김해만권에서는 겨울철을 중심으로 늦가을에서 이듬해 늦봄에 이르는 기간에 거주지 주변 해안의 암초와 사(니)질개펄에서 집중적인 패류채취를 전개한 것으로 추정할 수 있다.

그런데 단순히 패류만으로 인간 활동에 필요한 최소영양소를 섭취 할수 없다. 겨울철 보조식량으로 식용패류를 다량 채취하여, 기존 저장된 식량자원을 뒷받침하는 수단으로 활용하였던 것으로 생각된다.

셋째, 어업활동은 외해성 어업과 내만어업을 병행하였으나, 유적의 입지에 따라 비중이 다르게 나타난다. 만 입구에 자리한 용원유적에서는 난류성 어종인 참돔을 중심으로 한 외해어업이 중심이었다. 난류(暖流)인 쿠로시오해류를 따라 이동하는 참돔은 늦봄에서 초여름에 이르는 시기, 산란을 위하여 만 입구로 들어오는 습성이 있다. 바로 이 시기에 낚시를 활용한 참돔잡이가 활발히 전개되었던 것으로 생각된다. 전갱이는 연중 해안가 주변에서 낚시 등으로 포획이 가능하였다. 곱상어와 돔발상어과는 외해로 이동하여 작살, 낚시 등으로 포획한 것으로 보인다.

내만어업은 주로 늦봄에서 여름에 이르는 시기, 만 입구 가까이 서식하는 농어와 더불어 내만 모래바닥에 서식하는 감성돔을 중심으로 전개된 것으로 생각된다.

북정패총에서는 한류성 외해 어종인 대구의 존재가 주목된다. 한류(寒流)인 리만해류를 따라 남하한 대구는 12월에서 1월에 이르는 겨울철에 수심이 얕은 연안으로 찾아드는 습성이 있다. 북정유적을 형성한 당시인들은 이 시기에 만 입구로 이동하여 대구잡이에 나섰던 것으로 추정된다.

봉황동유적에서는 유적의 입지상 내만어업이 주류를 이루었다. 여름철을 활용하여 감성돔, 농어, 가오리 등 비교적 큰 내만성 어류를 포획한 것으로 보인다. 외해성 어류인 돔발상어과와 참돔의 존재에서, 늦봄에서 초여름에 이르는 일정시기에는 만 입구와 외해로 이동하여 어업활동을 전개하였음을 알 수 있다.

신방리유적에서는 유적의 입지와 별개로 외해성 어류인 돔과의 비중이 높다. 봉황동유적과 달리 이곳에서는 만 입구로 이동하여 활발한 외해어업을 전개한 것으로 생각된다.

이상에서 살펴본 바와 같이 각 유적별 비중의 차이는 있으나, 늦봄에서 여름에 이르는 시기를 중심으로 내만어업과 외해어업이 꾸준히 진행되었음을 알 수 있다.

넷째, 북정유적을 제외한 유적에서 고루 확인되는 강치의 존재는, 고김해만권에서 활발한 강치포획활동이 이루어졌음을 보여준다. 외해로 이동하여 강치포획을 전개할 시기, 참돔 중심의 외해어업도 병행하여 진행하였던 것으로 생각된다.

웅천패총과 봉황동유적에서 출토한 작살은, 자돌구를 활용한 강치잡이가 성행하였음을 뒷받침한다. 용원유적에서는 강치의 음경골을 이용하여 만든 장식품이 확인되었다. 일반적으로 해상포유류의 뼈는 수압을 견디기 위하여 골밀도가 높다. 때문에 도구를 제작하는 데 적합하지 않다. 그럼에도 당시 용원유적에 거주한 사람들이 강치뼈장식품을 제작·소지한 점에서, 활발한 강치 포획활동의 면모를 엿볼 수 있다.

이러한 강치의 주된 포획목적은 식량과 더불어 기름과 가죽의 확보였던 것으로 생각된다.

강치와 고래 등 해상포유류의 기름은 예부터 불을 밝히는 데 주로 사용되었다. 현대에는 세제, 윤활류 등 다방면에서 활용되는 주요한 공업원료이다.

가죽의 경우, 『三國志』「魏書」東夷傳 (東)濊條에 동예의 특산품 가운데 바다에서 '班魚皮'가 산출된다고 하였는데,[3] 바로 이 반어피가 강치의 가

---

3) 『三國志』卷 三十「魏書」東夷傳 (東)濊條 …樂浪檀弓出其地其海出班魚皮土地饒文豹又出果下馬…

죽인 것으로 추정된다.

강치가 확인되는 고김해만권, 특히 봉황동유적은 철을 매개로 중국 한나라와 일본과의 중계무역을 주도한 철기시대 주요 교역장이었다. 신방리유적은 철기시대 대표유적인 다호리유적과 인접한다. 당시 이곳에 대규모 집단이 거주하였던 것으로 생각되며, 칠기를 비롯한 각종 인공유물 등으로 미루어, 고김해만을 이용한 활발한 교역이 전개되었던 것으로 추정할 수 있다.

때문에 당시 활발한 강치포획를 통하여 확보한 가죽(반어피)을 상품화하여, 주요 교역품으로 활용하였을 가능성도 생각해 볼 수 있다(정찬우 2011).

다섯째, 수렵활동은 사슴이 주 대상이었다. 사슴은 낙엽수림, 호숫가에 서식하며, 포획할 때의 위험도가 멧돼지보다 훨씬 낮다. 때문에 주변에서 비교적 손쉽게 포획할 수 있는 사슴을 선호한 것으로 생각된다. 당시 고김해만권 주변은 낙엽수림이 울창한 삼림지대로 추정되므로, 거주지 주변에서 사슴 중심의 수렵활동이 이루어진 것으로 보인다.

사슴은 식재료 뿐 아니라, 다른 생업활동에도 중요한 자원이었다.

사슴의 뿔과 四肢骨은 골각기 제작에 필수적인 재료였다. 가죽은 겨울철 의복으로 활용되었다. 뼈 내부에 함유된 골수는 식재료 외에도 가죽을 부드럽게 하는데 사용되었다.

북정유적의 경우, 고김해만 가운데 위치한 섬으로 공간이 매우 협소하다. 수렵활동은 주로 인근의 금병산 등지로 이동하여 전개한 것으로 추정된다.

용원유적과 봉황동유적에서는 다량의 꿩이 확인된다. 사슴의 서식환경과 유사한 곳에 꿩이 서식하므로, 사슴과 더불어 전문적인 사냥을 통해 포획한 것으로 생각된다.

여섯째, 가축 가운데는 개의 개체수가 많다. 식량자원과 더불어 수렵견으로 이용되었던 것으로 보인다. 개 이외의 가축으로 소와 말은 철기시대 주요 교역항이 자리했던 봉황동유적에서 다수 분포한다. 식재료 활용 이외에 물자의 운송에도 적극적으로 활용되었을 것으로 짐작된다.

V. 맺음말

고김해만권 철기시대 유적 출토 동물유체의 양상과 생업활동을 요약하면 다음과 같다.

철기시대 고김해만에서 정주생활을 영위한 당시인들은 해안가 또는 해수의 영향이 미치며, 낙엽수림이 우거진 삼림지대가 인접한 곳에 생활공간을 마련한 것으로 생각된다.

겨울철에는 보조식량으로 활용하기 위하여, 인근 해안가의 암초나 사(니)질개펄에 서식하는 참굴, 백합 등의 패류를 채취하였다.

어업은 주로 늦봄에서 여름에 이르는 시기에 내만어업과 외해 어업을 병행하였다. 특히 늦봄에서 초여름, 만입구로 이동하여 참돔 중심의 외해어업을 진행할 때, 강치잡이를 비롯한 해상포유류의 포획활동도 활발히 전개하였던 것으로 추정된다. 포획한 강치의 가죽은 주요한 교역품으로 활용되었을 가능성이 존재한다.

수렵은 비교적 포획 위험성이 낮은 사슴을 주 대상으로 하였다. 사슴은 식재료 뿐 아니라, 골각기 제작, 의복제작 등에도 중요한 자원이었다.

가축은 주로 개, 소, 말, 오리과 등을 사육한 것으로 생각된다. 개는 수렵견으로 활용되었을 것으로 추정된다. 해상 교역의 주요 거점이었던 봉황동유적에서 주로 확인되는 소와 말은 물자 운송에 활발히 이용되었던 것으로 보인다.

이상에서 살펴본 고김해만권 철기시대 생업양상에서는 수렵과 어로 및 패류채취 활동을 중심으로 서술하였다. 생업활동의 또 다른 중심축인 농경활동은 관련 자료의 부족으로 언급하지 않았다.

향후, 식물자원을 포함한 자연유물의 동정 및 분석을 활성화 하고, 각종 생업도구와의 비교 연구를 진행하여, 농경을 포함한 철기시대 전반의 생업양상을 규명하는 연구가 필요하다.

附記 : 본 논고의 자료수집과 작성에 있어 인제대학교박물관 · 가야문화연구소의 조영한, 송혜미 학예사 선생님들의 많은 도움이 있었습니다. 지면을 빌어 진심어린 감사 말씀 전합니다.

참고문헌

1. 단행본

三國志

권오길·박갑만·이준상, 1983,『原色韓國貝類圖鑑』, 아카데미서적

김익수·강언종, 1993,『原色韓國魚類圖鑑』, 아카데미서적

김건수, 1999,『한국 원시·고대의 어로문화』, 학연문화사

加藤嘉太郎, 1983,『家畜比較解剖図説』, 養賢堂

西本豊弘·松井 章, 1999,『考古學と動物學』, 同成社

松井 章, 2006,『動物考古學の手引き』, 奈良文化財研究所

樋泉岳二 外, 2007,『食べ物の考古學』, 學生社

松井 章, 2008,『動物考古學』, 京都大學學術出版會

2. 보고서

朝鮮總督府, 1923,『大正九年度古蹟調査報告 第一册 - 金海貝塚發掘調査報告』

_____, 1924,『大正十一年度古蹟調査報告 第一册 - 梁山貝塚』

김정학, 1967,「熊川貝塚研究」,『亞細亞研究』10-4, 고려대 아세아문제연구소

국립중앙박물관, 1993,『양산 다방리패총 발굴조사보고』

부산수산대학교박물관, 1993,『北亭貝塚』

동아대학교박물관, 1996,『진해 용원유적』

_____, 1981,『김해 부원동 유적』

부산대학교박물관, 2002,『김해봉황대유적』

부산대학교 인문대학 고고학과, 2002,『김해회현리패총』

경남발전연구원 역사문화센터, 2002,『김해회현동소방도로구간내유적 -13·14·
15통』

경남고고학연구소, 2005, 『봉황토성』

동아세아문화재연구원, 2009, 『昌原 新方里 低濕遺蹟』

삼강문화재연구원, 2009, 『金海會峴里貝塚Ⅰ·Ⅱ』

3. 논문

김건수, 1994a, 「원삼국시대 패총의 자연유물 연구」, 『배종무총장퇴임기념사학논총』, 목포대학교박물관

_____, 1994b, 「원삼국시대 패총의 자연유물 연구(2)」, 『한국상고사학보』17, 한국상고사학회

_____, 1995, 「한반도의 원시, 고대어업」, 『한국상고사학보』20, 한국상고사학회

김정윤, 2009, 『고김해만 북서부 Holocene 후기 환경변화와 지형발달』, 경북대학교 석사학위 논문

곽종철, 2003, 「가야의 생업」, 『가야고고학의 새로운 조명』, 혜안

서현주, 1996, 「남해안지역 원삼국시대 패총의 시기분석과 기원문제」, 『호남고고학보』 4, 호남고고학회

_____, 2000, 「호남지역 원삼국시대 패총의 현황과 형성배경」, 『호남고고학보』9, 호남고고학회

유병일, 2003, 「사슴의 捕獲 解體, 그리고 利用에 대한 試論」, 『영남고고학보』33, 영남고고학회

_____, 2007, 「동물유골의 해골장소와 방법에 관한 일고찰」, 『고문화』70, 한국대학박물관협회

_____, 2009, 「어골을 통한 해체 및 조리에 대한 일고찰」, 『야외고고학』7, 한국문화재조사연구기관협회

정찬우, 2011, 『鐵器時代 動物遺體 硏究』, 목포대학교 석사학위 논문

최성락·김건수, 2002, 「철기시대 패총의 형성배경」, 『호남고고학회』15, 호남고고

학회

최성락, 2004, 「초기철기시대, 원삼국시대 재론에 대한 반론」, 『한국고고학보』 54, 한국고고학회

「철기시대 고김해만권 출토 동물유체 연구」에 대한 토론문

유 병 일*

이 글은 낙동강 하류에 입지하는 철기시대 패총에서 출토한 동물유체를 통하여 생업환경을 개괄적으로 검토한 글로써 향후 식물유체 자료와 함께 철기시대의 전반적인 생업환경을 연구하는데 기초자료 제시에 비중을 두고 있는 중요한 연구임을 알 수 있다. 특히 패총유적에서 출토한 동물유체를 관련 고고학자가 종명 분석한 유적을 중심으로 생업환경을 검토한 것은 연구에 다소 어려움을 겪고 있는 동물고고학을 활성화시키고 동물유체 자료의 중요성을 부각시키는데 촉진제가 될 것으로 판단된다.

발표자는 논제의 연구방향을 정확하게 종명 분석된 동물유체 자료를 종별과 유적별로 정밀하게 분류한 후 첫째, 해당 유적 주변의 자연환경을 복원하였으며, 둘째, 해당 동물들을 확보하는 공간과 방법을 개괄적으로 그려 철기시대의 낙동강 하류에서 전개된 생업양상을 추정하고 있다. 이에 토론자는 발표자의 논리 전개에 많은 부분을 공감하지만 의문점과 다소 이해하기 어려운 부분이 있어 70페이지에 잘 요약되어 있는 생업환경을 활용하여 순서에 따라 몇 가지 질문을 드리고 싶다.

첫째, 먼저, 발표자는 고김해만권에 유행된 철기시대 생업양상을 발굴되고 종명 분석된 7개소 패총자료만을 사용하였는데 공간적으로 매우 넓

---

* 한국문화재연구원

은 고김해만권역의 생업양상을 추정하는데 다소 무리가 있을 것으로 판단된다. 패총유적은 지표조사에서도 많은 동물유체가 확인되는데 이들 자료는 후대에 유입된 것과 차이를 확인할 수가 있고, 교란 역시 구분할 수 있으므로 자료적으로도 활용할 수가 있을 것이다. 또한 몇몇 연구자는 고김해만권역의 지표조사에서 확인된 패총유적을 생업연구에 활용하고 있는 실정인데 이에 대한 발표자의 의견은 어떠한지요? 또 하나는 신방리유적을 유적 주변에서 확인된 조간대 서식고둥의 출토를 근거로 고김해만권역에 포함시키고 있는데, 철기시대에 펼쳐진 고김해만권의 공간적인 분포범위를 어떻게 파악하고 계시는지 궁금합니다.

둘째, 패류는 67종, 미소패류 24종으로 모두 91종이 확인되었는데 이 많은 패류를 식용하거나 하지 않는 기준을 어떻게 구분하고 있는지 궁금합니다. 참굴은 주변 암초에 서식하기 때문에 빗창으로 채취가능하고, 홍합, 보말고둥, 소라, 전복은 잠수하여 빗창이거나 이와 유사한 도구로 확보하였다고 하시는데, 사실 빗창은 뼈로 만든 것이며, 참굴 등은 바위에 고착된 힘이 매우 강하므로 약한 빗창으로 확보하기란 효율이 떨어질 것이다. 발표자 역시 빗창이 확인되지 않았다는 점을 생각한다면 이들 패류들을 확보하는 도구는 빗창이 아니라 다른 도구가 있지 않을까요?

셋째, 먼저, 표 5에 어류의 서식환경에 따라 내만과 외해로 구분한듯한데 전갱이에 대하여 72페이지에 '연중 해안가 주변에서 포획 가능하다'의 표현을 보면 오히려 내만에 포함시켜야 되지 않나요? 참돔에 대해서는 '늦봄과 초여름에 산란을 위하여 만입구로 들어오는 습성을 이용하여 활발하게 참돔 잡이가 전개되었다'고 하시는데, 여기에서 언급한 만입구는 현재의 을숙도가 있는 주변인지 아니면 봉황동유적으로 들어온 내만인

지요? 그리고 오늘날 자료이지만 참돔이 왕성하게 활동하는 시기는 늦봄에서 초겨울까지 낚시로 많이 잡을 수 있으며, 특히 큰놈들은 늦봄과 가을~초겨울에 많이 잡히는 경우를 참고하면 참돔 포획 시기를 좀 더 길게 잡아야 되지 않나요?

 넷째, 강치의 포획 목적을 식량, 기름, 가죽확보, 그리고 장신구를 만들기 위한 것으로 보시는데 다른 용도는 없을까요? 예를 들면 강치와 물개, 바다사자 등은 하렘과 같이 수컷의 위상을 높여 주는 생태학적 특성을 갖고 있는데 이러한 특성을 활용하고자 하는 하나의 상징성을 표현하고자 잡을 수도 있지 않을까요? 또 하나는 가죽의 경우 『삼국지』 「위서」 동이전에 나오는 '班魚皮'를 강치로 추정하시는데 글자와 일치하는 동물은 바다표범으로 이해하고 있는데 좀 더 자료조사와 자료 확보가 필요하지 않을까요?

 다섯째, 사슴의 경우 다른 동물보다 가장 많이 확인된다. 이 점은 사슴의 용도가 다양하고 잡기 쉬워서 이러한 비율로 나타난다고 하셨는데, 사실 사슴은 매우 경계심이 많고, 매우 민첩하여 잡기 어려운 동물 중 하나일 것이다. 따라서 잡기 위한 방법도 다양하고 협동하여 잡아야 될 것으로 판단할 수 있지만 오히려 활용도가 높고 중요한 동물이라면 매번 사냥하여 잡아서 활용에 충족하기보다는 다른 방법을 통해 안정적으로 확보할 가능성은 있지 않을까? 또 하나는 개로서 식용과 수렵견으로 활용도가 높았기 때문에 개체수가 많음을 설명하고 있다. 수렵견으로서의 좀 더 구체적인 견해를 듣고 싶다.
 마지막으로 창원 신방리유적에서 출토한 해수관련 자료를 고김해만에서 확보한 것이 아니라 유적의 남쪽에 있는 마산만에서 직접 확보한 것이

거나 시장교환 등 문화적인 교류를 통해 확보한 것으로 보는 것은 어떠할지 궁금합니다. 이에 대한 견해를 듣고 싶습니다.

이상으로 생업환경을 근거로 순서적으로 몇 가지 질문하였는데 토론자 역시 발표자의 글에 대한 부족한 부분이 많음을 인정한다. 이러한 질문들은 동물고고학이 발전하고 깊이 있는 연구로 진전되어야 한다는 마음이 반영된 것이며, 금관가야의 웅대함을 반증하는 김해 봉황동유적의 중요성과 향후 금관가야고고학에서 매우 중요한 성격규명에 동물유체 자료가 적극적으로 활용되기를 바라는 마음에서 출발한 것임을 이해 바란다.

김해 봉황동유적의 발굴성과

윤태영*

Ⅰ. 머리말

김해 봉황동유적[1]은 김해 시내에서 남쪽에 위치하는 낮은 구릉에 입지
한다. 이 유적을 경계로 북쪽은 현재의 김해 중심가이고, 남쪽은 현재 넓
은 평야가 펼쳐져 있다. 즉 김해 전역으로 보았을 때 봉황동유적은 서쪽
으로는 임호산과 해반천을 사이에 두고 있으며, 동쪽으로는 남산과 함께
남쪽 경계를 이루고 있다. 이런 지리적인 입지는 해반천을 중심으로 삼

---

* 국립김해박물관
1) 회현리패총 또는 김해패총은 2001년 도 문화재자료 제87호였던 봉황대와 합쳐져 김해
봉황동유적으로 확대·지정되었다. 본고에서는 다소 혼란스러울 수 있지만 보고자의 유
적명칭을 그대로 따르기로 한다. 따라서 회현리패총과 김해패총은 동일한 유적이며, 봉
황대유적은 현재 봉황대를 지칭하는 것으로 한다.

각형 지형을 이룬 김해를 남쪽 평야지대와 구분 짓는 경계이기도 하다. 남쪽 평야지대는 낙동강제방으로 형성된 현재의 지형이고, 고대에는 '古金海灣'으로 불리는 內灣性汽水域이었다. 따라서 봉황동유적은 김해에서 바다로 나가는 입구라고 할 수 있겠다.

이 유적은 일제강점기 전인 1907년에 今西 龍이 발견한 이후 현재까지 수차례에 걸쳐 조사되었으며, 그 결과 金海式土器, 金石竝用期[2] 등 고고학사적으로 중요한 논쟁을 불러일으킨 유적이기도 하다. 여기서는 김해 봉황동유적의 최초 발견자인 今西 龍의 조사부터 최근 조사까지 성과를 중심으로 살펴보고자 한다.

II. 김해 봉황동유적 발굴조사 성과

1. 일제강점기 이전

1907년 今西 龍이 김해 봉황동유적을 처음 발견하였다. 그는 1906년 경주지역을 답사하면서 채집한 석기를 근거로 한반도에 석기시대가 존재했을 것으로 예상하고 이듬해인 1907년 8월[3]에 부산을 거쳐 김해로 이동하면서 현재의 봉황동유적 가운데 동쪽으로 뻗은 구릉에 분포하는 土木

---

2) 금석병용기는 1923년 김해 회현리패총 발굴보고서가 원래의 고고학적 의미와는 다르게 일제강점기 식민사관을 긍정하는 데 결정적인 고고학적 증거로 인용되었다(이기성, 2010, 「일제강점기'금석병용기'에 대한 일고찰, 『한국상고사학보』68).

3) 1907년은 舊慣制度調査事業이 시작된 해로 보고문의 "今年再び大學から修學旅行の恩命に接し", "私の旅行の本來の目的" 등의 표현을 통해 아마도 이 사업의 일환으로 今西 龍이 참여했을 것이다.

峴(회현리)패총을 발견하게 된다.[4] 이어 그는 현지 경찰의 도움을 받아 3시간에 걸쳐 구릉 서쪽 단애부에 대한 조사를 하게 되는데 이것이 봉황동 유적에 대한 최초의 조사이다. 그는 이와 같은 간단한 조사를 마친 후 동년 10월에 들어오는 柴田常惠에게 추가조사를 맡기고 본래의 목적을 위해 이동하였다고 한다.

조사결과 봉황동유적은 삼한시기에 형성된 유적으로 판단하였다. 그리고 출토유물을 통해 일본 석기시대 패총 출토유물과 다른 성질이기 때문에 결코 동일종족(아이누족)[5]이 만든 것은 아니라고 하고, 유물 가운데 토기는 남한에서 신라시대 및 일본 선조 상대의 유물과 동일계통에 속하

그림 1. 1907년 10월 조사당시 김해 회현리패총

---

4) 금서룡은 이 패총 외에 두 곳을 더 소개하고 있다. 즉 회현리패총에서 동쪽으로 數町 떨어진 곳으로 오늘날 부원동패총을 언급하는 듯하고, 회현리패총과 같은 성격의 패총으로 보았다. 나머지 한 곳은 그가 직접 가보지는 못했지만 현재 선암다리가 있는 곳에서 1里 정도 떨어진 곳이라고 한 것으로 보아 예안리고분군 근처의 패총을 언급하는 듯하다.

5) 당시 일본 고고학계에서는 석기시대 패총을 아이누족이 남긴 것으로 생각한 듯하다.

며, 이 패총을 남긴 민족은 어떤 민족인지는 몰라도 그 기예는 신라·일본에 전해진 것으로 보았다. 또한 한반도의 문화를 수용한 일본민족이 한 종족의 기예를 수용했을 것이며, 미생식토기는 이런 배경에서 만들어진 것으로 보았으며, 한반도의 문화는 그 연원이 아주 오래되었을 것으로 보았다.

今西 龍에 이어 추가조사한 柴田은 봉황동유적에서 적색토기의 비율이 높고, 고분출토품과 다소 차이가 있기 때문에 고분보다 이른 시기의 것이며, 골각기제작에 금속기 사용흔이 관찰됨으로 석기시대 이후의 것이라고 보았다.

2. 일제강점기

일제강점기 기간에 봉황동유적에 대한 조사는 鳥居龍藏과 黑板勝美, 梅原末治·濱田耕作, 梅原末治·藤田亮策·小泉顯夫, 榧本杜人 등에 의해 이루어졌다.[6]

1) 鳥居龍藏

鳥居는 1914년(C지점)과 1917년(A지점) 2회에 걸쳐 대규모 조사를 실시하였다.[7] 특히 1917년도 조사는 깊이 10척 이상 깊이로 파내려가 패각층의 바닥면을 조사하여 석관묘 1기를 확인하였다. 석관묘에서는 아무런 유물도 출토되지 않았다.

---

6) 대정9년 보고서에 의하면 西村眞次라는 사람도 조사한 것으로 나타나는데, 문맥상 柴田常惠 뒤에 표기된 것으로 보아 1907년 이후 1920년 사이에 김해 회현리패총을 조사한 사람으로 보인다.

7) T구로 알려진 부분을 조사하였다. 조사당시 자료는 현재 鳥居龍藏記念博物館에서 소장하고 있다는 사실을 京都大學校 교수 吉井秀夫로부터 전해들은 바 있다.

그림 2. 1917년 조사당시 석관묘와 패각층

　그의 조사는 정식으로 보고되지 않았지만, 1925년 발간된『有史以前の 日本』에 게재된「濱田·梅原兩氏著『金海貝塚報告』を讀む」에서 조사성과 에 대한 견해를 일부 제시하였다.

　즉 김해패총은 토기를 근거로 甲·乙·丙 3시기로 구별된다고 하였다. 甲 期는 최상부층으로 삼국시대에 해당되며, 乙期는 그것보다 약간 빠른 삼 국시대 이전의 것이라고 한다. 김해 주촌면의 패총, 대구 달성, 경주 반월 성, 함경도 북청패총, 평안도 미림리유적 등이 을기에 해당한다고 보았 다. 丙期는 김해패총 최하층으로 석기시대유물과 관련이 있다고 보았다.

　이런 조사결과를 바탕으로 그는 김해패총에서 철기만 출토되고 청동기 나 동기가 출토되지 않기 때문에 석기시대 패총이 아니라 금속기시대 패 총이라고 보았다.

2) 黑板勝美

1915년(大正4년) 6월 23일~26일까지 4일간 김해에 머물면서 고분, 산성 등을 조사하였다.[8] 이 기간에 김해패총도 일부분 조사(K구)[9]한 것으로 확인되지만, 구체적인 내용은 알 수 없다.

3) 濱田耕作·梅原末治

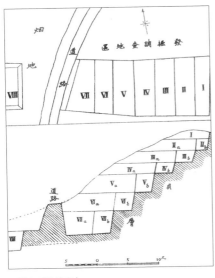

그림 3. 계단식조사

1920년 10월 23일~29일까지 7일간 발굴·조사(A구)하였다. 이 조사에는 濱田·梅原 이외에 關野貞, 谷井濟一 등이 참가하였다. 이 조사는 패총을 계단식으로 조사한 점에서 특이하다고 할 수 있겠다.

조사결과 김해패총 Ⅵa층에서 출토된 貨泉을 근거로 유적의 상한을 기원후 1세기, 하한을 기원후 2세기로 보았다. 이를 바탕으로 김해패총은 비교적 단기간에 형성된 것이며, 반월형석도 등 석기류와 철도자 등 철기류가 함께 출토된 점을 들어 金石倂用期에 해당된다고 보았다.

4) 藤田亮策·小泉顯夫

1922년 5월 19일~6월 1일 중 일정기간 藤田亮策·小泉顯夫가 회현리패

---

8) 黑板勝美先生生誕百年記念會編, 『黑板勝美先生遺文』, 1974, 吉川弘文館
9) 대정11년도 보고에는 B지점임. 앞 주의 내용에 따르면 흑판승미는 당시 東京帝國大學에서 경비를 지원받아 수행한 조사로 그 결과를 東京帝國大學總長에서 보고하였기 때문에 이와 관련된 도면·사진자료 등이 현재 東京大學校에 보관되었을 가능성이 크다.

충에 대한 장래 보존시설에 대한 계획을 세우고자 앞서 濱田과 梅原이 조사한 곳에서 서남쪽에 접한 패층노출부분에 가로세로깊이 4척의 범위를 조사하였다. 조사의견으로 유적의 훼손이 우려되므로 표석을 세우고 발굴을 금지시키는 보존을 강구할 필요가 있다고 하였다. 조사내용은 별도로 보고되지 않았다.

5) 榧本杜人

가야모토의 조사는 及川民次郎[10]에 의해 1호 옹관이 발견되면서 시작되었다.[11] 조사는 1934년 12월 27일~1935년 1월 12일까지 현재 알려진 D구를 우선 40여평의 범위에 목책을 돌리고, 내부 패각층을 제거하면서 지면을 노출하는 작업을 하였다. 조사결과 상식석관묘 5기, 옹관묘 3기, 석축시설, 부석주거지, 점토곽 등 다양한 유구와 유물이 출토되었다. 이 유구들은 생토면을 파고 설치된 것으로 밝혀졌다. 당시 조사 내용을 정리한 것이 아래의 표이다.[12]

敷石住居址는 상부에 패각층이 있고 그 아래 흑갈색토층으로 덮여있었다고 한다. 즉 상부 패각층과 부석주거지 내부토 사이에 흑갈색토층이 존재하였던 것이다. 동서 150cm 내외, 남북 120cm 내외의 장방형 수혈이다. 깊이는 30cm 내외이다. 상면에는 2열로 자연석을 깔았지만 중앙에 있는

---

10) 일제강점기 부산에서 활동하였던 釜山考古會의 동래패총 발견자인 '及川民治郎'과 동일인일 가능성이 크다.

11) 당시 김해 봉황동유적(회현리패총)은 사적지로 지정·관리되어 왔으며, 1933년 8월 9일 '朝鮮寶物古蹟名勝天然記念物保存令'이 공포되어 더더욱 엄격하게 관리되었던 듯하다. 조사자가 본 유적에 대한 발굴을 금지시키고 있었다고 한 점과 이 조사가 정식발굴조사가 아닌 긴급발굴조사였음을 밝히고 있는 점에서 짐작할 수 있다.

12) 榧本龜次郎, 1935, 「金海貝塚－其の新發見」, 『考古學』6-2. 조사일지를 귀국 도중 분실하고, 현재 제시된 유적 도면은 野守健이 실측한 것이다(1954, 「金海貝塚の再檢討」, 『考古學雜誌』第40卷3號).

표 1. 봉황동패총 D구 조사일지

일자		내용	비고
1934년 (昭和9年)	12월 26일	1호 옹관 발견	及川民次郎 김해봉황동패 총 유적답사 중 발견
		총독부박물관에 연락	
	12월 27일	梶本龜次郎 서울출발	
	12월 28일	김해도착	우천으로 조사연기
	12월 29일	1호 옹관 조사	
		1호 상식석관묘확인	及川道視學
		경성에 보고	
		2호 석관 노출	
		석축발견	
		3호 석관 확인	
		4호 석관 확인	
		기 확인 유구 조사	
		2호 옹관 확인	
		주변 패각층 제거	
		주거지·점토곽 확인	
1935년 (昭和10年)	1월 3일	3호 옹관 확인	
	1월 12일	3호 옹관 조사완료 및 수거 중 하부에서 동검 및 동사발견	

2개의 돌로 보았을 때 주거지 상면 전면을 4열의 자연석으로 깔았던 것
으로 추정하였다. 주혈은 확인되지 않아 주혈 없는 상옥으로 보았다.

爐蹟은 원형으로 조사구역 동쪽 끝에 위치한다. 직경 60~70cm 내외,
깊이 20~30cm 내외이다. 내부는 목탄과 재로 가득 차 있었으며, 바닥면
은 흑색 혹은 흑갈색을 띤다. 주변에서 적갈색 연질옹 1점이 출토되었다
고 한다. 부석주거지와 노적을 세트관계로 보기도 했다.

옹관은 모두 일본 야요이옹관으로 '김해식옹관'의 알려진 것이다. 조사
구역 내의 북단에 지석묘 1기가 있으며, 이 지석묘의 남측과 서측에 걸쳐

분포한다. 1호 옹관은 거의 파괴된 상태로 확인되었다. 내옹은 거의 수평으로 놓여 있었으며, 외옹은 경사져 있었지만, 원상을 잃은 상태로 조사자는 판단하였다. 내옹은 구연 전체와 신부 일부만 결실되었으며, 외옹은 겨우 상반의 절반과 저부가 남은 것으로 대부분 결실되었다. 복원규격은 2점 모두 140cm이기 때문에 수혈의 길이는 이것을 훨씬 뛰어넘지는 못할 것이고, 깊이도 60cm 내외로 추정하였다. 옹관의 장축은 동-서이며, 서쪽이 내옹, 동쪽이 외옹이다. 즉 내옹을 외옹에 삽입한 형태이며, 외옹이 원위치가 아니면 거의 수평으로 놓인 내옹으로 보아 수평으로 놓인 것으로 추정하였다. 내옹 내 저부 부근에서 동제품의 소편이 銹着되어 있었으며, 원형은 알 수 없다고 하였다.

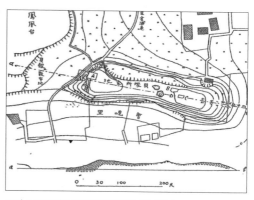

그림 4. 1935년도 김해 회현리패총 조사구역도

2호 옹관은 지석묘 동측에서 발견되었다. 저부와 동체부 일부만 남은 것과 신라토기와 함께 출토된 것 가운데 구연과 저부 일부편만 남은 것을 합쳐 조합식 옹관으로 보았다. 이런 경우 지석묘

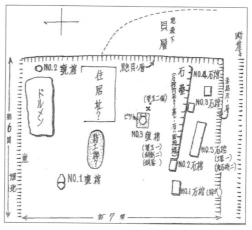

그림 5. 회현리패총 D구 유구배치도

와의 관계로 보아 2차적인 것으로 추정하였다.

3호 옹관은 동쪽 외옹은 구연부 1/2정도가 결실되었지만, 원형을 유지하고 있으며, 서쪽의 내옹은 구연부 일부만 남았다. 수혈은 동서 100cm 내외, 깊이 60cm 내외이며, 장축은 동−서이다. 옹관은 수평으로 놓였다고 한다. 옹관 밑에서 벽옥제 관옥 3점과 동삭 다수, 동검 2점이 출토되었다. 한편 수혈 서쪽에 2매의 판석이 있었다고 하는데 옹관과의 관계는 알 수 없다고 한다.

옹관묘는 遠賀川Ⅲ式 또는 須玖第1式으로 보았다.

1호와 3호 옹관 사이에 장타원형의 점토곽이 확인되었다. 길이 120~130cm, 너비 50cm, 깊이 30cm 내외이다. 내부에 점토질의 흙이 차 있었다고 한다. 토광묘로 추정하였다.

그림 6. 석관묘, 석축, 옹관묘 노출상태

석관묘는 조사구역 남쪽에 있는 석축시설을 중심으로 분포한다. 조사내용을 정리한 것이 아래 표이다.

표 2. 김해 봉황동유적 석관묘 일람표

호수	묘제	규격(cm)[13]			출토유물	비고
		길이	너비	깊이		
1	석관묘	120	30	30		
2	석관묘	100				
3	석관묘	50				개석과 시상석 있음
4	석관묘	80				시상석 있음
5	석관묘	250	45	45	단도마연토기1, 석촉 2	

석축시설은 할석을 횡평적하였으며, 최하단은 약간 돌출되게 하였다. 석축은 동서로 길게 축조되었으며, 지대가 낮은 남쪽에 4단정도 쌓았으며, 북쪽의 생토면과 높이를 맞춘 듯 축조되었다고 한다.

조사된 유구의 선후관계에 대해 조사자는 석축시설은 5호 석관묘를 중심으로 한 가족묘의 묘역구획기능이 있다고 보았으며, 석관묘, 주거지, 패총과의 관계는 석관묘와 석축시설 위에 쌓인 적갈색토층의 재가 주거

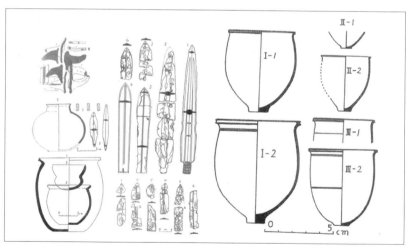

그림 7. 1935년도 조사 출토유물

---

13) 개략적 치수임.

표 3. 김해 봉황동유적 조사일람표(일제강점기)*

연번	조사기간	조사책임자 및 조사기관	조사구역	참고문헌
1	1907.08	今西龍	구릉서쪽에 있는 토목현(소로)단애부의 패총	今西龍, 1907,「朝鮮にて發見せる貝塚に就いて」,『東京人類學會雜誌』23
2	1907.10	柴田常惠	연번1을 기준으로 중앙에서 북쪽	柴田常惠, 1908,「朝鮮金海貝塚」,『東京人類學會雜誌』24
3	1914	鳥居龍藏	연번1을 기준으로 중앙에서 남쪽 및 南北縱區 T區	濱田耕作·梅原末治, 1923,「金海貝塚發掘調査報告」,『大正九年度古蹟調査報告』第1冊, 朝鮮總督府
4	1915.6.23 ~26	黑板勝美	K區	黑板勝美先生誕百年記念會, 1974,『黑板勝美先生遺文』
5	1917	鳥居龍藏	북쪽 T區	濱田耕作·梅原末治, 1923,「金海貝塚發掘調査報告」,『大正九年度古蹟調査報告』第1冊, 朝鮮總督府 鳥居龍藏, 1925,「濱田耕作·梅原末治著'金海貝塚報告'を讀む」,『有史以前の日本』
6	1920.09	濱田耕作·梅原末治	A區(K區 북측)	濱田耕作·梅原末治, 1923,「金海貝塚發掘調査報告」,『大正九年度古蹟調査報告』第1冊, 朝鮮總督府
7	1922.05 06	藤田亮策·梅原末治·小泉顯夫	A區 西南	藤田亮策·梅原末治·小泉顯夫,1923,「1.金海貝塚-慶尙南北道忠淸南道古蹟調査報告」,『大正十一年度古蹟調査報告』第1冊,朝鮮總督府
8	1934.12.27~ 1935.1.12(?)	榧本杜人	支石墓 南側, C區 西側의 D區	榧本杜人, 1935,「金海貝塚-其の新發見」,『考古學』6-2 _____, 1938,「金海會峴里貝塚發見の甕棺に就いて」,『考古學』9-1 _____, 1957,「金海會峴里貝塚發見の一銅製品に就いて」,『朝鮮の考古學』 _____, 1957,「金海貝塚の甕棺と箱式石棺-金海貝塚の再檢討」,『考古學雜誌』第43卷1號 藤田亮策·梅原末治, 1944,「二七.金海會峴里出土一括遺物及傳永登浦出品-銅劍·銅製尖頭器·碧玉管玉等-」,『朝鮮古文化綜鑑』第1卷

* 부산대학교박물관, 2003,『김해회현리패총』과 경남고고학연구소, 2009,『김해회현리
패총 I』에 수록된 내용을 보완한 것이다.

지의 노지에서 나온 것이며, 패총은 이 적갈색토층 위에 형성되었기 때문에 석관묘→주거지→패총이라는 선후관계가 성립된다고 보았다. 여기에 지석묘와 옹관묘를 추가하면 지석묘·옹관묘→석관묘→주거지→패총 순으로 유적이 형성되었을 것이다.

그리고 조사자는 봉황동유적을 석관묘, 옹관묘, 지석묘 등이 축조된 묘역이었다가 주거지가 들어서고 이후 패총이 형성되었다고 추정하였다.

3. 1945년 이후~현재

1945년 이후 2009년까지 봉황동유적에 대한 발굴조사는 아래 표[14]와 같이 진행되었다. 그리고 이를 지도로 표시한 것이 그림 12이다.

표에서 알 수 있듯이 1990년대 이후부터 봉황동유적에 대한 본격적인 조사가 이루어졌음을 알 수 있다. 1992년에 봉황동유적으로 통합되기 전 '봉황대'만을 대상으로 처음으로 조사가 이루어졌다. 이어서 봉황대 동쪽지역에 대한 부분적인 조사도 실시되었다. 그 결과 봉황대유적은 주거지를 위주로 하는 패총, 구 등 생활유적이 밀집·분포하고 있음을 확인할 수 있었다(그림 참조).

패총은 구릉의 동쪽을 제외한 모든 경사면에 형성되었는데, 크게 6개소로 구분할 수 있다. 특히 1트렌치에서 조사된 패총은 봉황동유적 전체에서 가장 규모 큰 것으로 위치로 보아 회현리패총 'T'구역과 연결될 가능성이 크다고 보았다. 시기는 2세기~6세기대에 걸쳐 형성된 것으로 보았다.

주거지는 봉황대 전역에서 확인되며, 구릉의 中腹 부분에서 집중적으로 확인된다. 구릉 정상부에도 있었을 것으로 추정되나 삭평된 것으로 보았다. 패총을 기준으로 주거지의 선후관계를 추정할 수 있다. 패총보다

---

14) 기존 보고서에 게재된 내용을 추가·보완하였다.

먼저 축조된 주거지는 2세기대에 해당되며, 패총과 동시기 또는 이후 시기의 주거지도 확인되었다. 4~5세기대의 주거지가 밀집분포하고 있음을 확인할 수 있었다.

전반적으로 1992년도 조사는 처음으로 '봉황대'를 중심으로 유적의 성격을 밝히고자 하였다는 점에 의의를 둘 수 있겠다. 거의 동시기에 봉황대진입도로개설구간도 조사되었지만 아직 보고서가 미간인 상태이지만 특수한 바닥시설을 갖춘 대형주거지와 대형 주혈들이 다수 확인되어 봉황대 동쪽 일대의 평지가 중심지였을 것으로 보고자는 추정하였다.

1998년에 실시된 조사는 1920년에 조사한 A구에 대한 재조사의 성격이다. 이 조사결과 당시 계단식으로 조사된 층위 가운데 Ⅳ층 일부와 Ⅴ·Ⅵ·Ⅶ층이 남아 있는 것을 확인하였고, 패층의 퇴적방향이 이전의 동쪽에서 서쪽으로 퇴적된 것이 아니라 봉황대가 있는 서쪽에서 동쪽으로 퇴

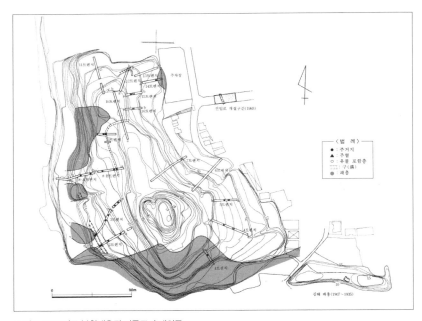

그림 8. 1992년도 봉황대유적 시굴조사 배치도

적되었음을 확인하였다. 그리고 봉황대와 회현리패총 사이에 남쪽으로 돌출된 또 하나의 소구릉이 있었을 것으로 추정하였다. 유적의 조성시기 는 상한이 단면삼각형구연점토대토기가 늑도 Ⅲ기층의 전통을 이어받아 군곡리 Ⅱ기층과 시기적으로 병행하고, Ⅵa층과 11층에서 출토된 화천과 훼룡문경편 등으로 보아 기원전후로 보았으며, 하한은 4세기로 보았다.

이후 주목할 만한 성과 없이 간헐적으로 부분조사가 이루어졌지만 2003년·2004년 봉황대 주변지역에 대한 조사에서 새로운 사실이 밝혀졌 다. 즉 봉황대 서쪽지역에서는 고려~조선시대 古河川과 護岸施設, 6~7 세기대의 柱穴群과 耕作遺構, 4~5세기대의 토기가마와 굴립주건물지 등 이 조사되었다.

봉황대 서남쪽은 지형조건이 가야 당대에는 내만성기수역 환경의 해안 선일 가능성이 크다. 특히 굴립주건물들은 기수환경의 뻘층을 매립성토 한 후에 주혈을 파고 내부에 기둥의 침하를 방지하기 위한 주축목시설을

만드는 등 대규모 토목공사를 하 였다는 점에서 해상교역과 관련된 장소이거나 교역품들을 일시 저장 하는 창고시설로 추정하였다. 또 한 이런 시설의 보호와 구릉의 유 실을 방지하기 위해 석렬유구와 옹벽시설을 설치한 것으로 추정하 였다.[15]

한편 봉황대 동북쪽에서는 5세 기 후반대로 추정되는 토성이 발 견되어 봉황대를 중심으로 토성을 구축하였을 것으로 추측하였다.

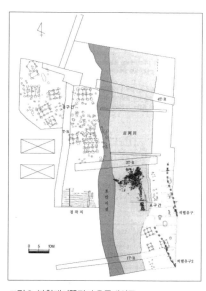

그림 9. 봉황대 서쪽평지 유구배치도

조사는 좁은 범위에서 이루어져 대략적인 내용만 확인할 수 있었다. 토성은 봉황대 구릉의 동쪽 자연 경사면 아래쪽 저습지부에 1m간격의 지름 30cm 정도의 고정주와 소형말목 등으로 성토 기저부를 조성하고, 그 상부를 판축상으로 회색의 사질토와 유기물, 뻘을 부분적으로 이용하여 堆築하였을 것이며, 기저부 상층에는 황갈색사질토, 점질토, 혼패토 등을 여러 차례 퇴축하면서 군데군데 불을 질러 다짐한 것으로 관찰되었다. 이때 내·외측 성체부 퇴축이 유실되지 않도록 상단부에는 가장자리 고정주 쪽으로 황색점토벽을 조성한 것으로 추정하였다.

내·외벽은 성체 축토부의 가장자리를 45° 경사로 삭토하고 그 삭토면에 한단에서부터 할석들을 쌓아서 피복하였다. 이때 석축은 2단 또는 3단으로 단을 지워 쌓았으며, 할석들 사이사이에 황색점토로 포장하고 불을 질러 소토화시켜 단단하게 구축하였다. 전체 이러한 과정이 내·외측으로 4회 이루어졌다.

전체적으로 봉황대 구릉 끝자락을 따라 돌아가는 단면 제형의 거대한 황갈색점질토로 포장된 토성을 염두에 두고 진행된 일련의 축조공정으로 판단하였다.

봉황대 시굴조사와 봉황대진입로개설구간에서 2~5세기대의 溝가 발견되기도 했는데 이런 시설들이 봉황대를 중심으로 구축되었다는 사실은 시사하는 바가 크다고 할 수 있겠다.

이상으로 2010년도까지 봉황동유적을 중심으로 이루어진 조사성과를 개략적으로 정리해 보았다.

한편 최근 조사된 유적에서는 가야시기 배의 선체 목제편과 노, 닻돌 등이 출토되어, 봉황동유적의 성격을 밝히는데 중요한 자료를 확보하는

---

15) 경남발전연구원역사문화센터, 2003, 『김해가야인생활촌조성부지내유적 2차 발굴조사 약보고서』

그림 10. 봉황토성

성과를 이루기도 하였다.[16] 또한 C구역에서는 목책열이 확인되었는데, 단순히 목책열로 보기보다는 습지고고학이 발달한 지역에서의 조사사례를 통해 알 수 있듯이 습지지역을 원활하게 통행하기 위한 도로(木道) 또는 다리로 볼 수도 있지 않을까 한다.[17]

　이 밖에 고려 조선시대에 해당되는 유구도 확인되어 가야 시기 이후 꾸준히 생활공간으로 활용되었음을 알 수 있었다.

그림 11. 김해 봉황동 119-1, 22-6번지 유적 출토 배선체편과 노

---

16) 동양문물연구원, 2012, 『김해 봉황동119-1 및 22-6번지일원 주택신축부지 문화재발굴조사 약보고서』

17) 현재까지 남아있는 홍천 섶다리와 정선 나막다리의 경우 다리의 교각을 Y자상의 나무를 뒤집어 땅에 박고 홈을 낸 보를 가로로 끼운 다음 세로로 나무를 걸쳐 기본 골격을 갖추고 난 후 그 위에 가지나 판자 또는 흙을 덮은 형태이다. 김해 관동리유적에서 이런 교각을 확인할 수 있다. 습지에서는 침하를 고려하여 Y자상의 나무를 겹치게 박은 다음 그 위에 가지를 얹은 형태를 상정해 볼 수 있겠다. 한편 목책열 주변에 고상가옥이 있는 점은 이런 추정을 가능하게 한다.

표 4. 1945년 이후 김해 봉황대유적 발굴조사 일람표

연번	조사기간	조사책임자 및 조사기관	조사구역	참고문헌
1	1992. 01. 27~03. 13	부산대학교박물관	봉황대	1998, 『김해봉황대유적』
2	1992. 12. 27~1993. 3. 31	부산대학교박물관	봉황대진입로개설구간	1998, 『김해봉황대유적』
3	1998. 10. 09~11. 11	부산대학교박물관·고고학과	1920년도발굴 A구와 동일	2002, 『김해회현리패총』
4	1999. 06. 02~06. 15	부산대학교박물관	봉황동442-7번지	2006, 『김해봉황동442-7번지』
5	1999. 12. 20~2000. 01. 15	부산대학교박물관	추정가야궁허지	2006, 『전금관가야궁허지』
6	2000. 04. 07~05. 24	부산대학교박물관	408번지 일원	2007, 『김해봉황동저습지유적』
7	2001. 08. 21~09. 10	경남발전연구원 역사문화센터	409-7번지	2004, 『김해봉황동409-7번지유적』
8	2001. 10. 08~12. 10	경남발전연구원 역사문화센터	회현리패총동쪽 소방도로개설구간	2004, 『김해회현동소방도로구간내유적』
9	2002. 04. 04~11. 29	경남발전연구원 역사문화센터	가야인생활 체험촌부지	2006, 『김해가야인생활체험촌조성부지내유적』
	2003. 04. 14 ~10. 11	경남발전연구원 역사문화센터		보고서 미간
10	2003. 06. 11~11. 29	삼강문화재연구원	회현동사무소-분성로소방도로	2005, 『봉황토성』
11	2003. 12. 16~2004. 01. 22	경남발전연구원 역사문화센터	380-24번지	2005, 『김해봉황동380-24번지유적』
12	2004. 05. 17~06. 10	국립가야문화재연구소	240·260번지	2005, 『김해봉황동단독주택부지 시굴조사보고서』
13	2004. 09. 13~10. 05	국립가야문화재연구소	284·177·442-5번지	
14	2004. 12. 30~2005. 05. 31	삼강문화재연구원	한옥생활 체험촌부지	2007, 『김해 봉황동유적』
15	2005. 04. 18~05. 23	대성동고분박물관	176-2, 16, 17번지	2007, 『김해봉황동380·176-2,16번지』
16	2005. 03. 14~06. 13 2005. 08. 11~11. 08	삼강문화재연구원	봉황동유적 패총 전시관조성부지	2009, 『김해 회현리패총 Ⅰ·Ⅱ』
17	2006. 06. 09~07. 15	대성동고분박물관	229-1, 4번지	2008, 『김해봉황동유적-229-1·4번지』
18	2008. 03. 28~2008. 05. 30	동서문물연구원	220-16번지	2009, 『김해 봉황동 주택신축부지내 유적 발(시)굴조사 약보고서』
19	2009. 02. 02~2009. 03. 20	동서문물연구원	220-5번지	2009, 『김해 봉황동 근린시설부지(220-5번지)내 유적 발굴조사 약보고서』
20	2006. 05. 15~2006. 07. 07	동아세아문물연구원	김해도서관 증축부지	2008, 『김해 고읍성』
21	2009. 02. 02~2009. 03. 20	동서문물연구원	220-3, 9번지	2009, 『김해 봉황동 220-3·220-9번지주택 신축부지내 유적 문화재 발굴(시굴)조사 약보고서』

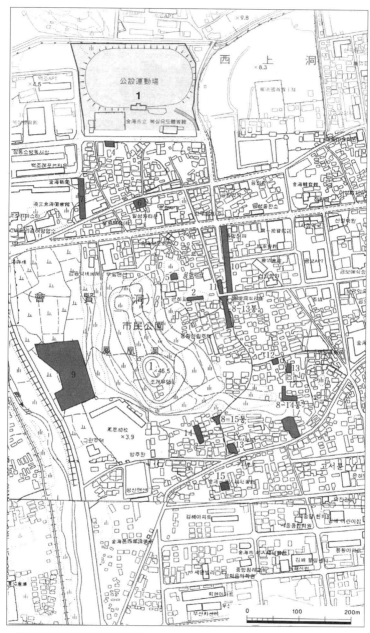

그림 12. 봉황동유적 주변 조사구역도

Ⅲ. 맺음말

봉황동유적은 일본인에 의한 조사이긴 하지만 경남지역에서 최초로 고고학 발굴 조사가 이루어진 유적이라고 할 수 있겠다. 1907년 처음 봉황동유적이 발견되고 조사가 이루어진 후 현재까지 수많은 조사가 실시되었으며, 봉황동유적의 성격뿐만 아니라 이곳을 주무대로 삼았던 금관가야의 당시 모습을 복원하는데 중요한 자료를 확보하였다.

끝으로 기원전 2세기 이후부터 가야인의 생활근거지로 활용되었던 봉황동유적과 그들의 사후세계인 대성동유적의 범위를 최근 연구[18]에서 제시된 바 있어 이를 게재하였다.

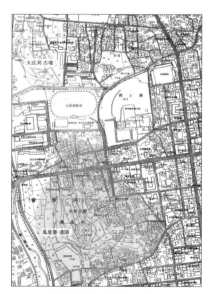

그림 13. 봉황대유적과 대성동유적 범위

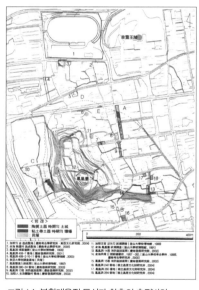

그림 14. 봉황대유적 토성과 환호의 추정범위

---

18) 삼강문화재연구원, 2005, 『봉황토성』

「김해 봉황동유적의 발굴성과」에 대한 토론문

정인성*

  최근 일제강점기에 일본인 연구자들에 의해 이루어진 「古蹟調査」의 내용들이 분명해 지고 있는 것은 바람직한 연구 분위기이다. 다만 이 분야에 대한 연구는 古蹟調査事業 그 자체에 대해 비판을 해야 한다는 강박관념에 얽매여 있었다는 점이 지적된다. 고적조사사업이 일본 제국주의의 식민지정책과 보조를 같이했다는 비판은 약방의 감초인데, 식민사관 수립과 관련된 물적 증거 확보라는 판단이다. 또 조사 수준이 지금과 비교한다면 도굴에 가까웠다는 비판, 그리고 해방이 될 때까지 연구자의 수준에서 고적조사사업에 동참한 한국인이 없었다는 점을 통렬하게 비판한다. 이러한 비판적 문제의식은 중요하지만 이제는 이러한 담론을 넘어 고적조사사업의 내용을 한국고고학의 시선으로 꼼꼼히 들여다보는 쪽으로 방향전환이 필요하다. 다행히 최근의 연구는 이러한 방향으로 진행되고 있는 듯하다.

  특히 총독부박물관에서 인수하여 국립중앙박물관이 소장하는 발굴품들에 대한 재검토 작업이 시대별, 지역별, 유적별로 진행되는 분위기인데, 발표자의 발표문 역시 일제강점기 김해패총의 조사성과에 대한 재검토작업의 일환으로 작성된 것으로 이해된다. 해방 후에 이루어진 성과를 포함하여 김해패총을 포함한 봉황대유적 전체 조사사업에 대한 연대기적 정리라서 특별히 각을 만들어서 토론할 내용이 없지만 몇가지 질문을

---

* 영남대학교

하고자 한다.

우선 사실 확인인데, 결론부분에 봉황대유적이 일본인이 실시한 가장 이른 시기의 발굴조사 사례라고 하였지만 실제로는 이마니시류(今西龍)가 경주에서 1906년에 이미 북산고분과 황남동 남총에 대한 굴착조사의 사례가 있기 때문에 이러한 평가는 적합하지 않다.

김해패총이 처음 발견되고 학계에 보고되었을 무렵, 일본 대학에서는 아직 고고학이라는 학문의 성격이 분명하지 않아 도쿄대학에도 고고학 연구실이 없었을 때이다. 하여 인류학자, 사학자, 고건축학자 등이 저마다의 방법으로 고고학적 현장조사를 실시하였는데 김해패총을 조사한 이마니시는 도쿄대학 사학과, 시바타(柴田常惠)와 도리이류조(鳥居龍藏)는 도쿄대학 인류학교실, 구로이타가츠미(黑板勝美)는 도쿄대학 국사학과 소속이었다. 이들의 조사는 발표자가 명시한 것처럼 당시 일본학계에서 논쟁거리였던 일본민족의 기원과 관련된 증거찾기라는 학문적 목적에 더하여 도쿄대학 교원을 활용한 식민지에 대한 기초조사의 성격을 아울러 겸비한 것이었다. 1916년이 되어 법령이 정비되기 전까지 대학교원을 중심으로 하는 개인조사의 성격이 강하였지만 통감부나 총독부의 적극적인 비호와 협조하에 현장조사가 진행되었다. 다만, 1915년에 이루어진 구로이타의 조사는 일본민족의 기원과 관련된 자료확보라기 보다는 任那日本府와 관련된 고고학적 증거확보가 더 중요한 목적이었다. 도쿄대학에 제출된 그의 복명서에서 드러나는 언설과 動線은 그의 조사목적을 분명하게 해준다.

1920년에는 교토대학 소속의 하마다고사쿠(濱田耕作)와 우메하라스에지(梅原末治)가 김해패총 조사에 합류하는데 유럽유학에서 근대학문으로서의 고고학을 경험한 하마다가 교토대학에 고고학연구실을 설치한 직후여서 조사 목적은 오히려 실습자료의 확보라는 차원이었을 가능성이 높다. 실제로 이때 발굴된 유물은 현재 일본에 반출되어 교토대학총합박물관에 보관되어 있다. 이를 학계에 공개하는 작업이 한국측의 주도로 이루어져야 할 것인데 발표자의 활약을 기대한다.

1922년에 실시된 후지타료사쿠(藤田亮策)의 조사는 그가 조선총독부에서 문화재행정을 도맡아 처리하던 처지에서 이루어진 것이어서 주목되는데, 김해패총이 관리대상이 되는 유적으로 인정받은 것이다.

1934년에 이루어진 조사는 현지 아마추어 연구자가 답사 중에 발견한 유구를 총독부박물관이 조사원을 파견하여 긴급조사한 사례인데 김해패총과 관련해서는 학술적으로 대단히 중요한 정보가 다수 얻어졌다.

발표자는 당시 조사자들의 의견을 참고로 지석묘·옹관묘→석관묘→주거지→패총의 순으로 유적이 형성되었을 것으로 판단하였다. 그런데 여기서 조사자가 주거지로 판단한 유구에 대하여 발표자도 같은 의견을 피력하고 있는듯하다. 그런데 토론자는 이것이 덕천리 지석묘와 같이 지하에 유단식 굴광이 있는 지석묘의 상부구조일 가능성이 높다고 판단하고 있다. 김해패총의 석축시설이 창원 덕천리지석묘와 유사하다는 것은 이상길이 지적한 바 있다. 다만 석축 내부의 주거지에 대해서는 구체적인 언급이 없었는데 보고서를 검토하면 주거지 내부에 돌이 깔려 있다고 한다. 사면에 굴러떨어진 상석을 아울러 고려한다면 덕천리 지석묘와의 유사성은 더욱 높아진다. 석축된 묘역에 둘러싸인 지하식지석묘인 것이다. 나중에 석축주변으로 석관묘가 조성되는 상황마저도 덕천리와 흡사하다. 야요이 옹관은 그 후에 조성된 것이며 여기에 일정기간이 더 지나고 생활공간으로 전용되면서 사면에 패총이 형성되기 시작되었다고 토론자는 이해하고 있다.

물론 이 지점에 대한 구체적인 재발굴이 이루어져야 밝혀질 문제이지만 여기에 대한 발표자의 견해를 듣고 싶다.

마지막으로 당시 출토되어 김해식옹관으로 명명되었던 토기편이 최근 국립중앙박물관의 수장고에서 발견되었다고 하는데 이 토기에 대한 설명을 부탁드리고 싶다.

고고자료로 본 봉황동유적의 성격

전옥연*

Ⅰ. 머리말

봉황동유적은 대성동유적과 더불어 김해의 대표적인 유적으로 삼한시대 변진구야국 시기부터 금관가야의 성쇠에 이르기까지 전반적인 흐름을 이해하는데 결정적인 단서를 제공하는 유적이라 할 수 있다. 봉황동유적이 가야세력의 중심주거공간으로 生者의 공간이라면 대성동유적은 王者를 중심으로 한 최상위계층의 묘역으로 死者의 공간이다. 따라서 이

---

* 상주박물관

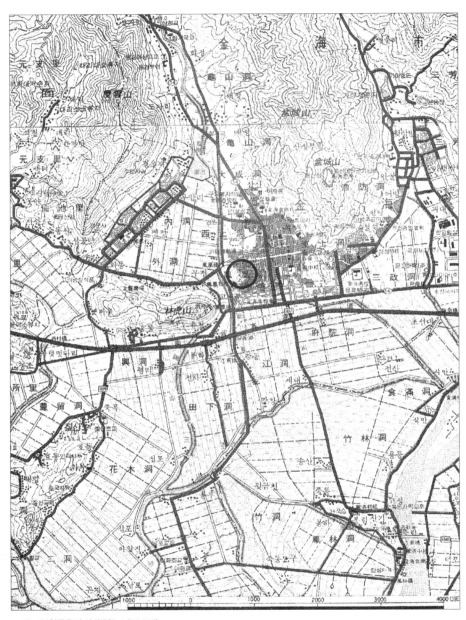

그림 1. 봉황동유적 위치도(S=1/50,000)

들 양 유적에서 확인된 고고자료는 고대 해상왕국 가야의 위상을 밝히는 데 다양한 단초를 마련하고 있음은 지금까지 축적된 누차에 걸친 발굴조사 성과를 통해 여실히 드러나고 있다.

봉황동유적은 王者의 묘역인 대성동유적에 대응하는 유적이지만 대성동유적 축조 이전의 시기부터 조성되어 대성동유적 축조 중단 이후에도 여전히 존속하는 명실 공히 김해의 중심 생활유적으로 자리매김하고 있다.

1907년 김해 회현리패총 발굴조사를 기점으로 이후 누차에 걸쳐 시굴, 또는 발굴조사된 봉황대구릉과 그 주변지역 일대를 망라하여 봉황동유적이라 칭하는데, 본고에서는 그 범위를 봉황대 구릉과 그 주변을 둘러싸고 있는 추정토성축조범위 및 그 외곽의 저습지 경계부까지로 보고자 한다. 여기에서는 삼한시대 전기부터 금관가야, 가야 쇠퇴 및 멸망 이후, 고려, 조선시대에 걸쳐 다양한 시기, 다양한 성격의 유적이 분포하고 있어 주민들의 거주가 오랜 기간에 걸쳐 이뤄지고 있음을 알 수 있다. 본고에서는 특히 삼한시대 후기 이후부터 금관가야 존속시기인 3~6세기대의 성격을 중심으로 살펴보고자 한다.

II. 봉황동유적의 조사현황

봉황동유적은 1907년 今西龍에 의해 김해 회현리패총이 조사[1]된 이래 금년 1월~4월에 (재)동아세아문화재연구원의 "김해 봉황동일원 하수관거 정비사업부지내 유적 정밀발굴조사"[2]에 이르기까지 30여회 가량 크고

---

1) 今西龍, 1907, 「朝鮮にて發見せる貝塚に就いて」, 『東京人類學會雜誌』23-259

작은 시, 발굴조사가 행해졌는데 수적으로는 아주 많은 조사가 이뤄진 것 같지만 거의 대부분이 도로 개설, 주택신축 등 각종 군소 공사에 수반된 수습조사의 성격을 띠고 있어 봉황동유적 성격의 전모를 밝히기에는 자료적 한계가 크다.

아무튼 일제강점기인 1907년부터 1935년에 걸쳐 총 8차례에 걸쳐 행해진 조사를 통해 김해 회현리패총의 존재가 어느 정도 드러나기는 했지만 1992년부터 봉황동 일대에서 시행된 각종 시, 발굴 조사성과를 통해 유적의 전모가 차츰 밝혀지고 있으며 현재에 이르기까지의 봉황동유적의 조사현황을 일람하면 다음 〈표〉와 같다.

Ⅲ. 고고자료로 본 봉황동유적의 자연 지리적 환경[3]

봉황동유적 일대는 우리나라 동남부에 발달한 양산단층계 중 모량단층의 남서쪽 말단에 속하는 지역으로 낙동강 하구의 넓은 충적평야가 발달된 곳이다. 이 지역의 동~북~서쪽은 분성산, 경운산, 임호산이 배후를 이루고 남쪽에는 낙동강(고김해만)이 위치하고 있어 외부로부터 침입에 안정적인 지형조건을 갖춤과 동시에 사방으로 진출하기에도 용이한 천혜의 자연지리적 여건을 갖추고 있다

---

2) (재)동아세아문화재연구원, 2013. 4, 『김해 봉황동유적지 일원 하수관거 정비사업 부지 내 유적 정밀발굴조사 학술자문회의』 참조

3) 봉황동유적 일대의 자연지리적 환경은 원전과 상관없이 아래 보고서 등에 수록된 내용을 참고하여 간략하게 정리한 것이어서 개별적인 주석은 생략하였음을 밝혀둔다.
봉황대유적, 봉황토성, 가야인체험촌, 김해봉황동유적−229−1·4번지− 2008 김해대성동고분박물관

표. 봉황동 유적 일대 조사현황(1992~2013 현재)

연번	조사지역	조사연도	목적 종류	조사기관	보고서명
1	봉황대	1992	성격파악 시굴	부산대박물관	『김해 봉황대유적』 1998
2	봉황대 진입로구간	1992~1993	도로개설 시굴	부산대박물관	『김해 봉황대유적』 1998에 개보 수록
3	김해패총K구 토층전사를 위한 시굴조사	1998	토층전사 시굴	부산대 고고학과	『김해 회현리패총』 2003
4	봉황동분묘유적	1999	택지조성 발굴	부산대박물관	『김해 봉황동442-7번지 유적』 2006
5	추정가야궁허지	1999	성격파악시굴	부산대박물관	『전금관가야궁허지』 2006
6	408번지 일원	2000~2001	택지조성발굴	부산대박물관	『김해 봉황동저습지유적』 2007
7	409-7번지	2001	도로개설시굴	경남발전연구원	『김해 봉황동409-7번지 유적』 2003
8	13·14·15통 소방도로	2001	도로개설발굴	경남발전연구원	『김해 회현동 소방도로 구간내유적』 2004
9	가야인생활체험촌	2002~2003	공원조성발굴 (2회)	경남발전연구원	『김해 가야인 생활체험촌 부지내유적』 2006
10	회현동사무소~ 분성로 소방도로	2003	도로개설발굴	경남고고학연구소	『봉황토성』 2005
11	한옥생활체험관	2003	시설부지발굴	경남고고학연구소	『김해 봉황동유적』 2007. 5
12	380-24번지	2004	택지조성발굴	경남발전연구원	『김해 봉황동380-24번지 유적』 2005
13	240·260번지	2004	택지조성시굴	창원문화재연구소	『김해 봉황동 단독택지 시굴조사보고서』 2005
	284·177·442-5번지	2004			
14	176-2·16·17번지	2005	택지조성시굴	대성동고분박물관	『김해 봉황동176-2·16·17번지 유적』 2007
15	229-1·4번지	2006	택지조성시굴	대성동고분박물관	『김해 봉황동229-1·4번지유적』 2008
16	패총전시관	2005	시설부지발굴	경남고고학연구소	『김해 회현리 패총』 2009
17	220-16번지	2008	택지조성발굴	대성동고분박물관	미간
18	220-3·59번지	2009	택지 및 근린시설발굴	동서문물연구원	『김해 봉황동220-3·5·9번지 유적』 2011
19	119-1 및 22-6번지	2012	택지조성발굴	동양문물연구원	『김해 봉황동 119-1 및 22-6 일원 주택신축부지 문화재발굴조사 약보고서』 2012. 7
20	하수관거정비구간	2013	시설공사발굴	동아세아문화재연구원	『김해 봉황동유적지 일원 하수관거 정비사업부지 발굴조사 학술자문회의』 2013. 4

※ 위 표 연번 15의 보고서에 정리된 내용을 토대로 수정, 보완하였음

봉황대구릉을 중심으로 한 봉황동 유적의 서쪽에는 해반천이 남으로 흘러 낙동강(고김해만)으로 유입되고 구릉의 북쪽과 동쪽에는 분(성)산에서 발원한 소하천들이 해반천과 호계천으로 흐르고 있다.

봉황동유적 중 대성동유적의 인근에 위치한 봉황동 408번지 일대의 저습지유적 등의 존재로 미루어 가야시대의 이 일대는 일부, 또는 전체적으로 하천에 의해 지역이 분리되어 있었던 것으로 추정된다.

김해지역의 해수면은 4,100년전 후빙기에 최고도로 상승하여 이 시기 김해지역은 거대한 고김해만이었는데 이와 같은 해진은 1,700년 전까지 이어졌으며 당시의 해수면은 해발 0~2m 선에 이를 것으로 추정하고 있다.[4] 그렇다면 그림 2에서 보듯 임호산과 봉황동일대는 내만성 기수역환경을 이루는 것으로 추정할 수 있다.

이후 해퇴현상과 아울러 봉황동 일대는 하성환경의 범람원 영역에 포함되지만, 고김해만으로 흘러드는 하구환경권에 포함되며 이러한 자연지리적 환경과 봉황동 유적의 성격은 상호 유기적으로 밀접하게 연관되어 있을 것으로 유추하기 어렵지 않을 것이다.

즉, 봉황대를 중심으로 그 서편과 현재의 해반천 사이, 남쪽 토성 바깥쪽은 고김해만에 인접한 하구환경이 조성되고 하도 부근에 배후습지가 발달해 있는 징후가 지금까지의 발굴조사를 통해 밝혀져 있다.

아무튼, 봉황동유적은 하구 환경, 내지는 고김해만의 내만성 기수역 환경이라는 자연지리적 환경을 갖추고 있었으므로 이와 관련한 다양한 시설들이 확인되고 있다. 선착장 등 항구시설과 관련된 적극적인 자료는 발견되지 않았지만 저습지내에서 선박 관련 자료도 출토되었으며 인접한 관동리유적에서 棧橋 유적도 확인되었으므로 봉황동 일대의 우수한 자연

---

4) 곽종철, 1990, 「낙동강하구역에 있어서 선사~고대의 어로활동」, 『가야문화』 제3호

지리적 환경으로 미루어 이와 유사한 잔교를 포함한 좀 더 대규모의 항구 관련 시설이 구축되었을 개연성이 매우 클 것으로 사료된다.

IV. 고고자료로 본 봉황동유적의 성격

1907년 일인학자 今西龍에 의해 김해 회현리패총이 발굴조사된 이래 현재에 이르기까지 앞의 〈표〉에서 보듯이 여러 가지의 목적에 따라 봉황동 일대에 대한 크고 작은 시, 발굴조사가 시행되어 이 일대 유적의 성격이 어느 정도는 해명되어 있다. 본고에서는 출토유물을 통한 세밀한 편년적 고찰은 행하지 않지만 조사된 유구 및 출토유물을 통해 봉황동유적 성격의 시대적 추이를 살펴보고자 한다.

가장 빈번하게 조사가 이루어진 지역은 아무래도 봉황대 구릉을 포함한 이 일대의 소위 김해패총, 김해 회현리패총으로 불리우는 지역으로 부산대학교박물관, 부산대학교 고고학과, 삼강문화재연구원(구 경남고고학연구소) 등에 의해 패총 중심의 조사가 행해진 바 있다. 이들 조사에서 공통적으로 삼한시대부터 삼국시대에 걸쳐 폭넓게 조성된 유적임을 알 수 있었으며 이후 여러 기관에 의해 조사된 유적들도 크게 다르지 않다. 물론, 삼국시대 후기, 통일신라기, 고려, 조선시대의 유물들도 확인되고 있지만 봉황동유적의 성격은 금관가야단계와 그 전과 후 크게 3개 시기의 변화상으로 특징지어질 수 있으며 발굴조사성과를 통해 패총, 수혈주거지 등 생활유적, 야철지, 토기가마 등 생산유적, 고상건물지, 구, 토성, 선착장 내지 하천변의 접안시설 등 당시의 전반적인 시대상을 유추할 수 있을 만큼 다양하다.

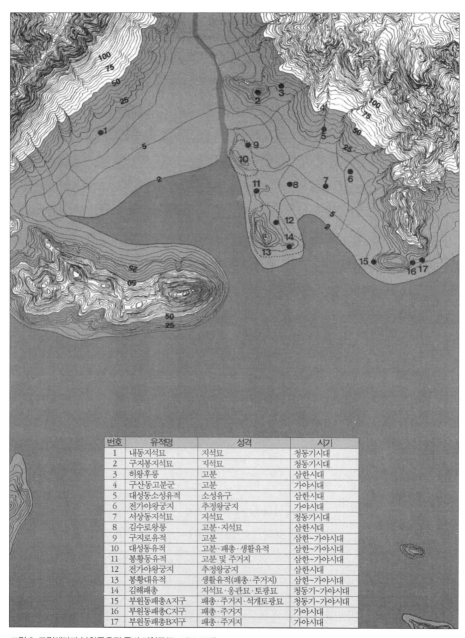

번호	유적명	성격	시기
1	내동지석묘	지석묘	청동기시대
2	구지봉지석묘	지석묘	청동기시대
3	허왕후릉	고분	삼한시대
4	구산동고분군	고분	가야시대
5	대성동소성유적	소성유구	삼한시대
6	전기야왕궁지	추정왕궁지	가야시대
7	서상동지석묘	지석묘	청동기시대
8	김수로왕릉	고분·지석묘	삼한시대
9	구지로유적	고분	삼한~가야시대
10	대성동유적	고분·패총·생활유적	삼한~가야시대
11	봉황동유적	고분 및 주거지	삼한~가야시대
12	전기야왕궁지	추정왕궁지	삼한시대
13	봉황대유적	생활유적(패총·주거지)	삼한~가야시대
14	김해패총	지석묘·옹관묘·토광묘	청동기~가야시대
15	부원동패총A지구	패총·주거지·석개토광묘	청동기~가야시대
16	부원동패총C지구	패총·주거지	가야시대
17	부원동패총B지구	패총·주거지	가야시대

그림 2. 고김해만과 봉황동유적 주변 지형도(S=1/30,000)

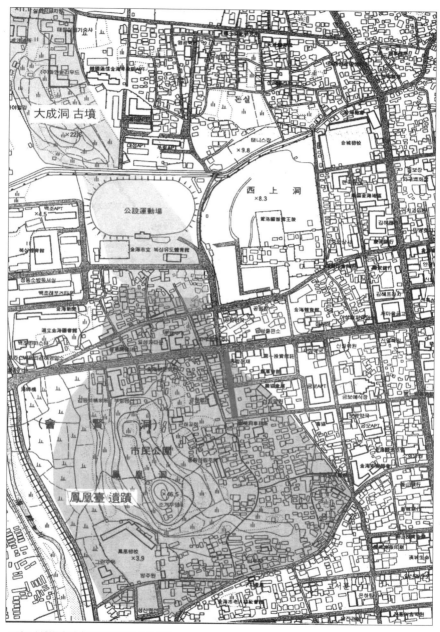

그림 3. 봉황동유적과 대성동유적(S=1/5,000)

봉황동유적은 그 중심이 되는 봉황대 구릉에서 사방으로 그 범위를 펼치고 있는데 서로는 해반천, 북으로는 현재 한옥체험관이 조성되어 있는 지역과 봉황동 저습지유적(408-2·10·11번지 택지내) 일대, 동과 남으로는 토성의 추정 축조 범위 내까지를 포괄하는 것으로 보고 권역별로 유적의 성격을 살펴보고자 한다.

1. 봉황대 구릉 권역

일제강점기때 실시된 김해(회현리)패총 발굴조사, 1992년 봉황대구릉 시굴조사 및 봉황대공원 진입로 개설구간 발굴조사, 1998년 김해패총 단면전사를 위한 발굴조사, 2005년 김해패총전시관부지 발굴조사 등을 통해 봉황대 구릉의 정상부 및 사면의 유적 성격이 어느 정도 해명되어 있다.

특히 1992년 부산대학교박물관에 의해 실시된 봉황대 구릉 시굴조사를 통해 패총, 주거지, 溝 등이 확인된 바 있는데 구릉 정상부는 조사대상에서 제외되었지만 구릉 사면을 빙 돌아가며 전체적으로 시굴조사를 하였기에 봉황대의 성격은 어느 정도 규명되었다. 보고자에 의하면 패총의 형성 시기는 대체로 2~6세기대이며, 주거지는 패총 아래쪽에서 확인되어 주거지 폐기 후 패총이 형성되었음을 알 수 있지만 아무튼 그 시기는 2~5세기대로 추정하고 있다. 구는 2개소에서 확인되었는데 그 하나는 구릉 서편 해발 17m 선상에서 일부 확인된 것으로 보고자는 3세기대의 시설일 것으로 추정하고 있다. 또 하나는 구릉 서~북에 걸쳐 해발 30m 선상에 조성된 것으로 보고자는 4~5세기대의 것으로 추정하고 있다.

보고서 작성 당시 여러 논고에서 봉황대를 금관가야의 도읍으로 추정하는 학설들도 있지만 보고자는 구릉 동편의 저지대를 그 중심으로 보고 봉황대 구릉 자체는 제의와 관련시켜 파악하였다.[5] 필자 또한 봉황대구릉 일대에서 봉황대 동편이 금관가야의 중심거주역이며, 봉황대 구릉 자체는 하천과 바다를 한눈에 조망할 수 있는 지역이어서 조사된 바는 없지만 정상부는 각종 제의의 공간으로 신성시하는 신전과도 같은 역할의 공간이었을 가능성이 높으며 변진구야국 당시부터 금관가야에 이르기까지 그 기능적 맥락이 연결되고 있는 것으로 생각하고 있다.

2. 봉황대 동~남편 권역

이 일대는 이미 도시화가 진행된 지역으로 도로와 주택이 이미 빽빽하게 밀집하고 있어 전면 발굴조사의 시행이 거의 불가능한 지역이다. 그나마 봉황대 공원 진입로개설구간 조사(1992~3)[6], 전금관가야궁허지 시굴조사(1999~2000)[7] 등에 의해 어느 정도 그 윤곽이 밝혀지고 있는데 유적의 존속 시기는 봉황대구릉과 같다. 삼한시대 전기부터 6세기대까지 동일 지역에서 지속적으로 살아 왔음이 상하로 퇴적되어 있는 복잡한 문화층의 존재로 유추해 볼 수 있다. 너무 좁은 지역에 복잡하게 퇴적되어 있어 현 상황에서 정밀한 전면발굴조사는 곤란하지만 삼한시대의 수혈식 온돌주거지부터 4세기대의 대형 주거지의 존재를 통해 삼한시대 이후 금관가야의 중심 주거지역이었음에는 틀림없을 것으로 판단된다. 또한 그 이후의 조사를 통해 5세기대의 수혈주거지, 지면식주거지[8]도 확인되

---

5) 徐姈男, 1998,「Ⅴ. 봉황대 유적의 성격」,『金海鳳凰臺遺蹟』, 부산대학교박물관 연구총서 제23집
6) 이재현·김현, 1998,「Ⅳ. 봉황대 진입로 개설구간 발굴조사」,『金海鳳凰臺遺蹟』, 부산대학교박물관 연구총서 제23집
7) 이창희, 2006,『전금관가야궁허지-시굴조사보고서』, 부산대학교박물관 연구총서 제32집
8) (사)경남고고학연구소, 2005. 10,『봉황토성-김해 회현동사무소~분성로간 소방도로 개설구간 발굴조사보고서-』

고 있어 지속적으로 이 일대가 주거공간으로 조성되고 있음을 잘 알 수 있다.

한편 봉황유적 일대를 에워싸는 土城跡이 확인되었다. 산발적인 조사 성과를 통해 추정한 범위이지만 봉황동유적 경계부에 형성된 저습지의 흔적과 관련해서 보면 대체적으로 그 규모는 동서 400여m, 남북 약 550m 가량에 이를 것으로 추정된다. 봉황토성의 조사성과에 의하면 이들 토성의 축조 시기는 고정주 뿌리부분 뻘층에서 출토된 토기를 통해 5세기 후반으로 보았다.[9] 그리고 가장 최근에 조사된 봉황동 일원 하수관거 정비 사업 부지내 토성도 5세기대의 것으로 추정하고 있다.[10]

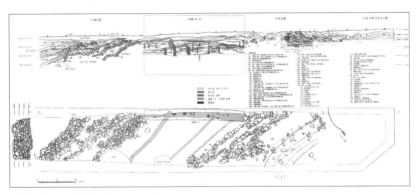

그림 4. 봉황동 4호 토성 평·단면도(S=1/80)

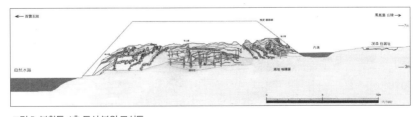

그림 5. 봉황동 4호 토성 복원 모식도

---

9) 주8)의 위 책
10) 주2)의 앞 책

토성의 축조시기가 이들 양 조사에서 확인된 내용이 전체를 커버할 것인지, 아니면 봉황대구릉 동편의 주거지에 반영된 3~4세기대부터 축조되기 시작한 것인지, 아니면 토성에 대응할만한 시설이 존재했던 것인지 아직은 미해명의 부분으로 남겨둘 수밖에 없겠다. 다만, 이 토성의 범위가 금관가야의 도성에 해당하는 성곽으로 방어적 역할을 함과 동시에 하구환경에서 범람원으로부터 보호를 위한 제방의 역할을 겸하고 있는 것으로 자연지리적 환경으로 보더라도 이전 시기부터 그 범위가 크게 달라지지는 않았을 것으로 상정된다.

3. 봉황대 서~남편 권역[11]

이 지역은 고김해만에서 해반천을 따라 김해로 진입하는 하구부에 해당하는 지역으로 토층단면에서도 잘 나타나듯이 수차에 걸친 하천 범람으로 인한 퇴적층이 확인된다. 봉황대 구릉 西緣을 따라 석렬유구가 2열 조성되어 있는데 하천범람 등 이후의 파괴요인에 의해 많이 유실되어 그 성격을 명확히 파악하기는 어려우나 그 규모나 진행방향, 축조시기 등으로 미루어 봉황대 동편의 토성과 연결되는 봉황동 일대의 성곽 범위로 유추해도 무방할 듯하다. 최소한 동편의 토성과 연관시키지 않는다 하더라도 하천의 범람으로부터의 봉황대구릉 보호, 외부로부터의 진입통제 등의 목적으로 구축된 다목적 차단시설로 볼 수 있을 것이다.

굴립주건물지가 여러 동 확인되는데 가야 시기의 것과 6~7세기대의

---

11) 심재용·김용탁, 2003.11, 「김해 봉황동유적 발굴조사-가야인 생활체험촌 조성부지 내-」, 『고구려고고학의 제문제』, 제27회 한국고고학전국대회, 한국고고학회
경남발전연구원 역사문화센터·김해시, 2005, 『김해 가야인 생활체험촌조성부지내 유적 I -김해 봉황동유적-』, 경남발전연구원 역사문화센터 조사연구보고서 제33책

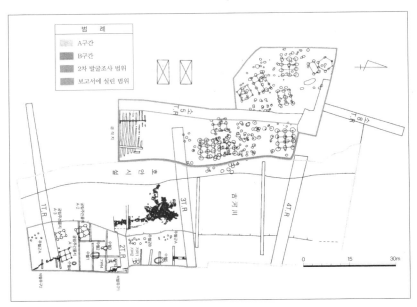

그림 6. 봉황대 서편 가야인 생활체험촌 조성부지내 유적 유구배치도(S=1/600)

　것이 있다. 금관가야 시기부터의 성격이 가야 멸망 후에도 그대로 이어지는 것으로 봐도 좋음을 반영하는 것으로 생각된다. 범람원에 해당하는 지역에 축조함으로써 잦은 수리, 개축이 이뤄졌을 것으로 짐작되며 고김해만에서 이어지는 하구부라는 점에서 일반적인 고상창고의 기능과는 구별되는 특수용도의 건축물이었을 것으로 사료된다. 즉, 해운, 하운을 이용하여 교역이 이뤄지는 동시에 오늘날의 보세창고와도 같은 역할을 수행하거나, 생활용 토기를 제작하는 가마의 존재로 미루어 교역당사자들의 임시 체류 장소로 활용되었을 가능성도 생각된다.

　한편 위 유적의 남쪽 봉황초등학교 남쪽에 해당하는 봉황동 119-1 및 22-6일원 주택신축부지에서도 삼국시대(출토유물사진으로 미루어 5세기 후엽~6세기대) 목책열, 굴립주건물지, 선박 부재 및 노가 출토되었다.[12] 해반천변의 하구 환경과 관련한 시설 및 유물로 가야인 체험촌부지

그림 7. 봉황동 119-1번지 유적
A구역 저습지 출토 목선 부재

그림 8. 봉황동 119-1번지 유적
삼국시대 문화층 수혈유구내 출토 노

의 유적성격을 뒷받침해주는 것으로 이 일대를 봉황동유적의 관문적 위치로 파악해도 무방하지 않을까.

4. 봉황대 북편~대성동유적 경계 권역[13]

현재 가야의 숲, 한옥체험관이 조성되어 있는 지역과 봉황동 저습지유적(408-2·10·11번지 택지내)일대는 대성동유적 권역과 봉황동유적 권역의 경계에 해당된다. 저습지유적은 금관가야로서의 봉황동유적 성격은 소멸한 이후이지만 지형적 특징에서 하천변 저습지로 말목열을 박고 부엽공법에 의해 안정된 접안시설을 마련하고 있는데 하천에 의한 봉황동과 대성동의 공간분할이 명확하다는 점을 주목해 봐야 할 것이다. 봉황대 서편 해반천변 고하천과 연결되는 하천일 가능성이 높으며 해반천변의 호안시설은 이 일대에서 수습된 유물의 검토를 통해 고려 이후의 것으로 추정하고 있는데 본 저습지유적의 호안시설도 같은 성격으로 이해하

---

12) 동양문물연구원, 2012. 7, 『김해 봉황동 119-1 및 22-6 일원 주택 신축부지 문화재발굴조사 약보고서』, 동양문물연구원 약보고서 2012-004
13) 부산대학교박물관, 2007, 『金海 鳳凰洞 低濕地遺蹟』, 부산대학교박물관 연구총서 제31집
(사)경남고고학연구소, 2007, 『김해 봉황동유적-김해한옥생활체험관조성부지내유적 발굴조사보고서-』

고 또 구축 시기를 목간, 퇴적층내 출토유물들과 관련시켜 6세기대에 이미 이와 같은 형태의 호안시설이 축조되었고 활발한 해상진출활동의 명맥이 가야 멸망 후에도 꾸준히 이어져 왔다고 볼 수 있겠다.

5. 봉황동유적의 성격

위에서 봉황동유적을 4개 권역으로 구분하여 살펴봤는데 봉황대구릉을 중심으로 그 동~남편에 중심주거공간을 마련했으며 그 서쪽 해반천변은 활발한 해상활동을 통한 교역 등으로 외부와 빈번하게 접촉했지만 봉황대구릉의 서편 급경사면과 석축열을 구축, 외부인의 내부진입을 차단, 통제하고자 했으며 5세기대 이후에는 유적 외곽의 하천환경에서 보호하는 동시에 확실한 영역구도 측면에서 토성을 구축하였을 것으로 추정된다. 따라서 5세기대 이후 봉황동유적은 특히 우기에는 일종의 하중도처럼 주변과 차단되었을 것이다. 갈수기에는 배후습지가 드러날 것으로 보이지만 대성동유적과는 소하천과 배후습지로 명확히 지역구분이 되고 해반천 하구부에서 고김해만을 통해 해상활동의 진출입이 활발하게 이뤄지고 있었을 알 수 있어 고대 김해의 중심인 봉황동 일대는 각종 대소 하천과 바다로 이어지는 우월한 입지조건에서 비롯된, 말하자면 물의

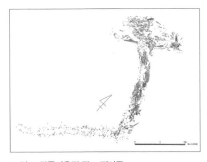

그림 9. 관동리유적 잔교 평면도

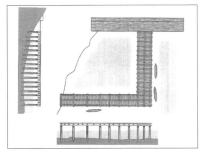

그림 10. 관동리유적 잔교 복원도

도시, 해상도시의 면모가 금관가야 발전의 원동력이 되고 있는 것으로 사료된다.

V. 맺음말

　지금까지 축적된 고고자료를 토대로 봉황동유적의 성격을 간략하게 살펴보았다. 조사건수는 거의 30여회에 육박할 정도로 많지만 거의 대부분 모두 시굴조사이거나 소규모의 수습발굴조사에 국한되어 속 시원한 결과를 도출해내기에는 미진한 점이 많다. 어쨌든 그간의 고고자료를 통해 드러나는 봉황동유적의 성격은 王者의 묘역인 대성동유적에 대응하는 生者의 생활공간, 그것도 구야국-금관가야의 최상위계층의 거주공간으로 그 중심에 신과 교감하는 신성한 공간으로서의 봉황대가 있다.

　봉황동유적 남서쪽의 임호산에서 이어지는 고김해만과 봉황대 서쪽의 해반천, 해반천으로 흘러드는 대소 지천들의 존재를 통해 우기의 봉황동 일대는 물위에 떠 있는 듯한 풍모를 보일 것으로 사료되어 해상왕국 가야의 면모를 드러내는데 중요한 자연지리적 환경을 제공하고 있다. 그리고 봉황동 일대에서 출토된 목선의 부재, 노 등과 봉황동 일대에서는 명확한 자료가 확인되지는 않았지만 율하천 하구부의 관동리유적에서 선착장(棧橋)의 존재가 확인된 점에서 고김해만 일대의 항구 구조는 어느 정도 유추 가능한데 전반적인 유적 성격에서 봉황동유적 일대는 고김해만의 중심으로 주항(主港)으로서의 면모를 갖추고 있으며 관동리유적은 봉황동 일대에 부속되는 성격으로 추정하는 편이 훨씬 타당하다고 본다면 발굴조사의 진척에 따라 봉황동유적 서~남 일대에서 선박, 항구와 관련된 자료의 증가도 기대해 볼 수 있을 것이다.

　아무튼 봉황동유적은 일부만 확인되었을 뿐이지만 동서폭 400여m, 남북 550m 전후일 것으로 추정되는 토성을 금관가야의 도성 범위로 이해해도 좋을 것인지 차차 해명해 가야 하겠지만 주변에 발달해 있는 저습지와 하천, 고김해만과의 연관성 등으로 미뤄 내부로의 접근이 쉽지 않은 마치 잘 만들어진 토성과 해자로 둘러싸인 요새와도 같은 모습도 보이고 있었을 것으로 상정된다. 항구라는 개방적이고 국제적인 면모를 보임과 동시에 그 중심으로의 접근이 쉽지 않은 이중적인 면모를 동시에 갖추고 있는 유적이라 할 수 있을 것이다.

참고문헌

부산대학교박물관, 1998, 『金海鳳凰臺遺蹟』, 부산대학교박물관 연구총서 제23집

────────, 2006, 『金海 鳳凰洞 442-7番地遺蹟』, 부산대학교박물관 연구총서 제31집

────────, 2006, 『傳金官加耶宮虛地』, 부산대학교박물관 연구총서 제32집

────────, 2007, 『金海 鳳凰洞 低濕地遺蹟』, 부산대학교박물관 연구총서 제31집

부산대학교박물관·부산대학교 인문대학 고고학과, 2002, 『金海 會峴里貝塚-전사를 위한 시굴조사보고서』

(사)경남고고학연구소, 2005. 10, 『봉황토성-김해 회현동사무소~분성로간 소방도로 개설구간 발굴조사보고서-』

────────, 2007, 『김해 봉황동유적-김해한옥생활체험관조성부지내유적 발굴조사보고서-』

(재)삼강문화재연구원, 2009, 『김해회현리패총Ⅰ·Ⅱ-패총전시관 건립을 위한 발굴조사보고서-』

경남발전연구원 역사문화센터, 2003, 『김해 봉황동유적 409-7번지 유적』, 경남발전연구원 역사문화센터 조사연구보고서 제8책

────────, 2004, 『김해 회현동 소방도로구간내 유적-13·14·15통-』, 경남발전연구원 역사문화센터 조사연구보고서 제10책

경남발전연구원 역사문화센터·김해시, 2005, 『김해 가야인 생활체험촌조성부지내 유적Ⅰ-김해 봉황동유적-』, 경남발전연구원 역사문화센터 조사연구보고서 제33책

경남발전연구원 역사문화센터, 2006, 『김해 봉황동유적 380-24번지 유적-』, 경남발전연구원 역사문화센터 조사연구보고서 제38책

국립창원문화재연구소, 2005, 『김해봉황동유적단독주택부지 시굴조사보고서』, 학술

조사보고 제28책

김해대성동고분박물관, 2007,『김해봉황동유적-176-2·16·17번지-』, 박물관총서 제5책

_____, 2008,『김해봉황동유적-229-1·4번지-』, 박물관총서 제7책

(재)동서문물연구원, 2011,『김해 봉황동유적 220-3·5·9번지 유적-』, (재)동서문물연구원 조사연구보고서 제33책

동양문물연구원, 2012. 7,『김해 봉황동 119-1 및 22-6 일원 주택 신축부지 문화재발굴조사 약보고서』, 동양문물연구원 약보고서 2012-004

(재)동아세아문화재연구원, 2013. 4,『김해 봉황동유적지 일원 하수관거 정비사업부지내 유적 정밀발굴조사 학술자문회의』참조

곽종철, 1990, 「낙동강하구역에 있어서 선사~고대의 어로활동」,『가야문화』제3호

류춘길·강소라·윤선, 2003. 7, 「김해 가야인 생활체험촌 조성부지내 유적 지질환경조사」

경남발전연구원 역사문화센터·김해시, 2005,『김해 가야인 생활체험촌 조성부지내 유적 I -김해 봉황동유적-』, 경남발전연구원 역사문화센터 조사연구보고서 제33책 부록1

심재용·김용탁, 2003. 11, 「김해 봉황동유적 발굴조사-가야인 생활체험촌 조성부지내-」,『고구려 고고학의 제문제』, 제27회 한국고고학전국대회, 한국고고학회

소배경, 2011. 4, 「金海 官洞里遺蹟과 加耶의 항구-金海 官洞里 三國時代 津址를 중심으로」,『가야의 포구와 해상활동』, 제17회 가야사학술회의 발표자료, 인제대학교 가야문화연구소

「고고자료로 본 봉황동유적의 성격」에 대한 토론문

심 재 용*

　김해 봉황동유적은 봉황대구릉과 그 주변을 중심으로 이루어져 있으며, 발굴조사와 시굴조사에 의해 금관가야의 중심취락지로 주목받아 왔다. 하지만, 발굴조사구간의 경우, 발굴조사보고서가 완간되지 않은 곳이 많아서, 봉황동유적의 상세하면서 종합적인 성격을 살펴보기에 매우 힘든 편이다. 이러한 상황 하에서도 본 발표문은 봉황동유적을 4개의 권역으로 구분한 후 구간별 특징을 잘 정리하였다. 무엇보다도 우수기와 갈수기의 봉황동유적의 지리적 환경을 유추하면서 항구라는 개방적이고 국제적인 면모를 보임과 동시에 그 중심으로의 접근이 쉽지 않은 이중적인 면모를 동시에 갖추고 있는 유적으로 평가하고 있는 점이 인상적이었다.

　앞으로 봉황동유적에 대해 논의되어야 할 것이 많이 있지만, 본 발표문의 권역별 검토사항을 중심으로 하여 네 가지 정도 질의코자 한다.

　1. 봉황대구릉에 조성된 溝의 성격을 어떻게 보는지 궁금하다. 보고자는 봉황대구릉의 溝가 3곳에서 확인되고, 모두 일주하는 형태의 것이 없다는 점과 단면 'U'자상을 들어 환호가 아닌 것으로 보고 있다. 즉 방어시설보다는 여러 가지 다양한 각도로 생각해 볼 필요가 있다고 하였다. 그러나 최근 봉황대2트렌치와 진입로구간의 구를 하나로 연결시켜 환호라 명하고 봉황동 구릉 사면에 형성되어 있는 건물들을 보호하는 동시에 마

---

* 대성동고분박물관

을의 공간을 구획하는 역할을 하였던 것으로 추정한 견해[1]가 나왔다. 이렇듯 溝의 평면형태와 그 성격에 대해 다르게 보고 있는데, 발표자의 견해를 듣고 싶다.

2. 발표자는 봉황대 동~남편 권역은 금관가야의 중심거주역이고, 구릉 자체는 하천과 바다를 한눈에 조망할 수 있는 지역이어서 각종 제의의 공간일 가능성을 제기하였다. 필자는 봉황대구릉 정상부에 溝가 있고 봉황토성이 발굴됨에 따라 구릉 정상부는 군사 또는 교역을 목적으로 하는 조망 또는 제사시설이 존재했을 것으로 보고 있다. 그러나 최근 봉황토성이 방어를 목적으로 하는 성곽인지에 대해서는 재고해야하며, 그 시기도 5세기대라는 견해가 제시되었다.[2] 필자는 입지적인 요인 때문에 성곽이 아니라는 것은 문제가 있다고 본다. 이 유구가 토성이든 호안석축이든 범위 전체에 대한 조사와 이에 따른 구조 분석이 없는 상황 하에서 성곽이 아니라고 하는 것 역시 무리라고 본다. 발표자가 지적한 것처럼 방어적 역할과 제방의 역할을 겸한 것으로 보는 것이 타당하다. 봉황토성의 성격에 대한 발표자의 보충설명을 듣고 싶다.

3. 봉황토성 보고자는 토성의 축조시기를 토성의 固定柱 根底에서 奠基와 관련하여 출토된 토기로 미루어 보아 5세기 후반경으로 추정하였지만, 이 토기에 대한 도면과 사진이 없다는 점에서 이 시기로 단정하기 힘들다. 발표자는 5세기대 이후에 유적 외곽의 하천환경에서 보호하는 동시에 확실한 영역구도 측면에서 토성을 구축하였다고 보았다. 그러나 본

---

1) 박영민, 2012, 『4~6세기 금관가야의 읍락 구성』, 경북대학교 대학원
2) 동아세아문화재연구원, 2013, 『김해 봉황동유적지 일원 하수관거 정비사업 부지내 유적 정밀발굴조사』, 학술자문회의 자료집

토론자는 가야인생활체험촌 석렬유구1호가 4세기전후에 축조되었고, 부엽공법이 사용된 뻘층의 토기들이 4세기대의 것이라는 점에서 봉황토성의 상한시기 역시 이 시기로 볼 수 있을 것으로 생각된다. 봉황토성의 초축시기에 대한 발표자의 견해를 듣고 싶다.

4. 봉황대 서~남편 권역의 성격을 교역과 관련된 곳으로 비정하였고, 봉황대 북편~대성동유적 경계 권역 중 저습지유적의 시설을 금관가야 소멸기의 호안시설로 보고 있다. 이러한 6세기대의 호안시설을 통해 해상진출활동의 명맥이 가야 멸망 후에도 꾸준히 이어져 왔다고 보고 있다. 그렇다면 금관가야 쇠퇴기인 5세기대에도 봉황동유적의 해양적인 성격들이 유지되고 있었다고 볼 수 있을까? 이에 대한 발표자의 견해가 궁금하다.

봉황동유적과 대외교류

이근우*

Ⅰ. 머리말

봉황대유적을 포함하는 봉황동 일대가 가라국의 중심지였음을 보여주는 발굴들이 이어지고 있다. 이들은 대성동고분군과 함께 가라국의 면모를 밝히는 데 중요한 자료가 되고 있다. 한편 고고학적인 발굴 성과 속에는 대외교류의 흔적이 속속 확인되고 있다.『삼국지』의 기록에 따르면 봉

---

* 부경대학교

황대 지역은 늦어도 3세기 중엽 경부터 국제적인 교역항·무역항의 역할을 하였을 것이다. 이 글에서는 철기의 본격적인 생산과 고급 견직물의 직조의 전파시기, 나아가서 弁辰과 倭 사이의 교역이 활발해진 배경을 살펴보고, 양 지역 간의 교역물품과 교역로 등의 문제에 대하여 간략하게 언급해 보고자 한다.

II. 韓

『삼국지』위서 동이전은 弁辰의 철 생산에 관한 중요한 기록을 남기고 있다. 그러나 철의 생산과 유통을 이해하기 위해서는 당시의 동아시아 전반의 정세를 이해할 필요가 있다. 가라국의 주요 교역 대상은 韓, 濊, 倭였으며, 그런 의미에서 대외 교류의 주된 대상은 倭였다고 할 수 있다. 당시 韓과 倭는 활발할 대외교류를 하게 된 배경은 무엇일까? 먼저 본격적인 철의 생산과 고급 견직물의 직조라는 문제를 중심으로 살펴보고자 한다.

1. 廉斯鑡

먼저 韓의 상황은 어떤지 살펴보자.『삼국지』에 인용된「魏略」속에는 유명한 廉斯鑡(염사착 혹은 염사치로 읽는다)와 관련된 기사가 실려 있다. 그 전문을 옮겨 보면 다음과 같다.

王莽의 地皇 연간에 염사착이 진한의 右渠帥가 되었는데, 낙랑의 토지가 비옥하여 사람들의 생활이 넉넉하고 즐겁다는 것을 듣고 도망쳐 낙랑에 들어가 항복하고자 하였다.[1] 그 읍락을 나섰는데, 밭 가운데서 참새를 쫓고 있는 남자 한 명을 보았는데, 그 말이 韓人의 것이 아니었다. 물어보니 남자가 말하기를, "우리들은 漢人이고, 이름은 戶來다. 우리들 1500명은 재목을 베러 왔는데, 韓의 공격을 받아 사로잡혀 모두 머리카락을 잘리고 노예가 되었는데, 3년이 지났다"고 하였다. "나는 한의 낙랑에서 항복하려고 하는데, 당신도 가겠는가?"라고 하였다. 戶來가 "좋다."고 하였다. 그래서 호래를 데리고 含資縣에 나아가니, 현이 郡에 보고하였다. 郡은 곧 (염사착을) 통역으로 삼고 岑中으로부터 큰 배를 타고 辰韓으로 가서 戶來 등을 맞아 데리고 오게 하였다. 호래와 함께 항복한 무리 1000명을 얻었다. 다른 500명은 이미 죽었다. 이에 염사착이 진한에 밝히기를, "너희들은 500명을 돌려 달라. 그렇지 않으면 낙랑이 군사 1만 명을 보내 배를 타고 와서 너희를 칠 것이다"라고 하였다. 진한이 말하기를, "500인은 이미 죽었으니, 우리가 보상하도록 하겠다."고 하였다. 이에 진한 15,000인, 弁韓布[2] 15,000 필을 내놓았다. 이를 거두어 돌아왔다. 군은 공과 의로움을 드러내어 冠幘과 田宅을 내렸고, 자손은 여러 대에 이어졌다. 安帝 延光 4년(125)에 이르러 전과 같이 세금과 부역을 면제받았다.[3]

---

1) 『삼국지』 東夷列傳 韓條에 인용된 「魏略」, 王莽地皇時 廉斯鑡爲辰韓渠右帥 聞樂浪土地 美 人民饒樂 亡欲來降. 出其邑落. 見田中驅雀男子一人 其語非韓人. 問之 男子曰, 我等漢 人, 名戶來. 我等輩千五百人伐材木. 爲韓 所擊得皆斷髮爲奴 積三年矣. 曰, 我當降漢樂浪 汝欲去不? 戶來曰. '可.' 因將戶來 (來)出詣含資縣, 縣言郡. 郡卽以爲譯, 從岑中乘大船入 辰韓, 逆取戶來降伴輩 尙得千人 其五百人已死. 時曉謂辰韓曰 "汝還五百人. 若不者 樂浪 當遣萬兵乘船來擊汝." 辰韓曰, "五百人已死. 我當出贖直耳. 乃出辰韓萬五千人, 弁韓布萬 五千匹. 鑡收取直還. 郡表鑡功義, 賜冠幘田宅. 子孫數世, 至安帝延光四年時, 故受復除.

2) 牟韓으로 기록된 판본도 있으나 辰韓과의 관련이나 韓條의 廣幅細布를 만들었다는 기록을 아울러 생각해 보면 弁韓이 옳은 것으로 생각된다.

3) 혹은 이때까지 지속적으로 復除된 것으로 보기도 한다. 그러나 어떤 한 시점까지 復除되었다는 표현은 다소 문제가 있다.

이에 대하여『후한서』에는 44년에 韓人 廉斯人 蘇馬諟 등이 樂浪에 나아가 貢獻하므로, 光武帝는 蘇馬諟를 漢廉斯邑君에 봉하고 樂浪郡에 속하도록 하였고 이때부터 四時로 朝謁하였다고 한다. 두 기사는 같은 내용이라고 보기 어렵다. 우선『위략』의 내용이 縣의 이름이나 시기까지 摘示하는 등 대단히 구체적이고,『후한서』의 기사 역시 邑君에 봉하는 등 황제의 통치 행위를 기록한 것이고, 本紀인 光武帝紀에도 기록되어 있으므로 신뢰할 만한 것으로 생각된다. 그렇다면 두 사건은 일정한 연관성을 가지고 있지만 별개의 사건임이 분명하다.[4]

廉斯鑡의 기사에서 두 가지를 주목할 필요가 있다. 우선은 낙랑군 – 岑中[5] – 辰韓에 이르는 항로의 존재다. 염사착이 岑中에서 大船을 타고 辰韓에 이르렀으며, 문맥으로는 1000명의 漢人 포로들과 辰韓人 15,000명 弁韓의 布 15,000필을 다시 배로 운반하여 낙랑으로 돌아간 것으로 보인다.[6] 물론 전체를 다 배로 운송하였는지는 확실하지 않지만, 진한을 협박할 때 10,000명을 배에 태우고 와서 辰韓을 칠 것이라고 하였듯이 많은 인원은 배로 이동하는 것을 전제로 한 표현이라고 할 수 있다. 물론 이 설화의 사실성에는 의문이 있다. 그러나 적어도『魏略』이 편찬된 3세기 중엽 단계에서는 1만 명의 병력을 배로 수송할 수 있다는 인식이 존재하였음을 확인할 수 있다. 특히 大船이라는 표현에서 알 수 있듯이, 樂浪郡에서 대형 構造船을 운용하고 있었을 가능성을 짐작할 수 있다.

한편으로는 죽은 漢人 500명에 대한 대가로 사람과 布를 지불한 점에도 주목하고자 한다. 『삼국지』 동이열전 弁辰條에서는 '曉蠶桑, 作縑布'라고 하여 縑과 布를 만든다고 하였다. 이때 縑은 絹이다.[7] 즉 3세기 중엽

---

4) 이부오, 「1세기초 廉斯國의 대외교섭」, 『한국고대사연구』 22, 2001, 110쪽
5) 岑으로 된 판본도 있다.
6) 윤용구, 「삼한과 낙랑의 교섭」, 『한국고대사연구』 34, 2004, 131쪽

단계에는 변진 지역에서 비단과 삼베를 생산하고 있었다. 그런데 廉斯鑡 설화 속에서는 絹은 없고 布만 나타난다. 물론 鐵도 보이지 않는다. 만약 비단과 철이 본격적으로 생산되었다면, 사람과 布 대신에 이를 대가로 지불할 수도 있었을 것이다. 사람을 대가로 지불하였다는 점에서는 倭國王 帥升이 生口를 바친 점과 상통하는 면이 있다. 이로 보아 1세기 초에는 弁辰에 양잠과 제철이 보급되지 않았거나 혹은 본격적인 생산단계에 진입하지 않았을 가능성이 제기할 수 있다.[8]

2. 鐵

남부지역에도 기원 전후한 시기부터 소규모 제련 공정을 동반하는 제철 흔적들이 광범위하게 나타나고 있다. 그러나 남부 지역에서 제련 공정을 거친 철기가 일반적으로 확산되는 시기는 3세기 이후이다. 특히 남부지역의 대표적인 제철유적이라고 할 수 있는 황성동 유적에서도 3세기 단계의 정련, 용해 등의 공정을 보여주는 유구는 확인되었지만, 제련의 흔적은 분명하지 않다.[9] 호남지역 그 중에서도 가장 선진적인 지역이라고 할 수 있는 영산강 유역에서도 3세기 대에 비로소 부분적으로 제련 유적이 나타나고 대부분은 주로 단야과정을 보여주는 유적들이다.[10] 이러한 사실로 미루어, 철정으로 대표되는 제련 공정을 동반한 본격적인 철

---

7) 『漢書』外戚傳 史皇孫王夫人條의 顔師古의 주에서 縑은 絹이며 음은 兼이라고 하였다.
8) 손명조, 「韓半島 中·南部地方 鐵器生産遺蹟의 現狀」, 『영남고고학』22, 1998, 102쪽. 중남부지역에서 대규모 철기생산 집단이 등장하는 것을 3세기 중엽으로 판단하였다.
9) 손명조, 「경주 황성동 제철유적의 성격에 대하여」, 『신라문화』14, 1997. 및 「김호상·김권일, 「신라왕경 소재 경주 황성동 제철유적의 성격」, 『신라문화제학술발표논문집』28, 2007
10) 김상민, 「3~6세기 호남지역의 철기생산과 유통에 대한 시론 -영산강유역 자료를 중심으로-」, 『호남고고학보』37, 2011, 30쪽

기 생산이 남부 지역에서 시작된 것은 2세기 말 3세기 초로 볼 수 있는 여지가 크다. 이처럼 2세기 말 이후 3세기 초에 걸쳐서 남부지역에서 철광석으로부터 철을 제련하여 이를 대량으로 생산하게 되었다고 한다면, 그 배경은 무엇인지가 궁금해진다.

그런데 후한의 桓帝 靈帝 말에 이르러, 韓과 濊 모두 강성해져서 郡縣이 제어할 수 없게 되었고, 民들이 韓으로 흘러들어가는 자가 많았다고 하였다.[11] 한편 『삼국지』에서 후한대의 혼란기로 나타나는 桓靈之間을 『후한서』 단계에서는 靈帝 末로 더욱 좁혀 놓았다. 후한시대에 한정된 사건 중에는 『후한서』에서 『삼국지』의 내용을 보완한 경우가 적지 않으므로, 그 시기를 靈帝 말로 보아도 좋을 듯하다.[12] 後漢의 靈帝는 168년에서 189년까지 재위하였으므로, 그 말기는 180년대의 光和·中平 연간에 해당하는 것으로 생각된다.

後漢의 동요와 더불어 군현의 통제가 이완되자, 낙랑군의 民들이 대거 韓으로 유입되었다. 그 시기는 180년대부터 帶方郡이 설치되는 204년 사이의 약 20년 간으로 생각된다. 帶方郡은 屯有縣 이남의 荒地에 설정되었으므로, 특히 황해도 지역 주민들의 이탈이 심했던 것으로 생각된다.

만약 이러한 추론이 성립될 수 있다면, 漢과 倭의 제철 기술에 대해서도 간략하게나마 살펴볼 필요가 있을 것이다. 漢의 제철기술은 중국의 일반적인 제철과는 다소 다른 특징을 가지고 있기 때문이다. 중국의 제철기술은 鑄造가 중심이다. 이는 주조가 중심인 청동기 제작기술과의 연관성과 제련 등에 사용된 원료가 석탄이었다는 점과 연관이 있는 것으로 생각된다. 그런데 특이하게 한 대에만 제철기술이 鍛造를 중심으로 한 것이

---

11) 『三國志』 東夷列傳 韓條 "桓靈之末, 韓濊彊盛, 郡縣不能制, 民多流入韓國."
12) 대표적으로 『三國志』에는 없는 廉斯鑡의 邑君 책봉이나 왜국왕 수승의 사신 파견 기사를 『후한서』가 채록한 경우를 들 수 있다.

었다. 또한 한 대에는 銑鐵을 물론이고 鋼鐵까지 생산할 수 있게 되었으며, 중국의 철은 로마까지 알려져, 중국의 철이 으뜸이고 이란 지역의 파르티아의 철이 그 다음이라는 평가를 받았다.

한의 단조 기술은 일본열도에도 영향을 준 것으로 보인다. 중국의 제철 기술은 한대처럼 단조가 성했던 시대도 있지만, 이 시기를 제외하면 전반적으로 주조를 중심으로 하고 있다. 그런데 일본의 철기는 야요이시대 전반기에 주조품으로 보이는 철기 등이 일부 존재하지만, 그 이후로는 주조품이 매우 적고 대부분이 단조품이다. 그 원인은 초기 철제품이 수입품이었고, 일본열도에 유입된 철기 가공 기술이 한 대의 단조기술에 연원을 둔 것이기 때문으로 생각된다.[13] 한반도에서도 제련로 및 단조를 위한 정련로, 炒鋼 제품이 다수 확인되는 것은 3세기 이후로 생각된다.

3. 蠶과 綿·縑

낙랑군 주민들이 한 사회에 대거 유입되면서 잠상 및 견직물 직조 분야에서는 어떤 변화가 초래되었을까? 3세기 이후의 상황을 전하는 『삼국지』에서 그 단서를 찾을 수 있다. 『삼국지』에서는 삼한 사회가 "其民土著, 種植, 知蠶桑, 作綿布"(馬韓)라고 하여 한 곳에 정착하여 살며 蠶桑을 알고, 綿과 布를 만든다고 하였다. 한편 진한과 변한에 대해서는 "土地肥美, 宜種五穀及稻, 曉蠶桑, 作縑布, 乘駕牛馬"라고 하여 역시 蠶桑에 밝고 縑과 布를 만든다고 하였다.

흔히 綿布 혹은 縑布를 하나의 단어인 것처럼 이해하는 경우가 많은데, 이 용어는 원래 각각 명주실을 자아서 만든 비단과 大麻나 苧麻 등을 찢

---

13) 窪田藏郎, 『鉄から読む日本の歴史』, 講談社, 2009, 5~20쪽

어서 만든 布를 각각 지칭하는 것이었다. 예를 들어 布帛이라고 하였을 때는 베와 비단을 뜻한다.[14] 『說文解字』에도 布는 枲織 즉 모시풀로 짠 것이라고 하였고, 『小爾雅』에서도 麻·苧·葛을 布라고 하며, 布는 이들에 대한 통칭이라고 하였다.[15] 상복은 布로 만들고, 布衣는 비단옷은 입는 사람에 대하여 신분이 낮은 사람을 뜻하는 말로 널리 쓰였으므로,[16] 布와 비단 종류는 분명히 구별된다. 3세기 무렵의 魏에서 布와 비단이 구별되지 않았다고 보기 어렵다.

『삼국지』의 기사를 통해서 알 수 있듯이 삼한 특히 弁辰 지역은 蠶桑을 잘 알고, 縑를 만들 수 있다고 하였다. 이 기사를 중심으로 변진 지역에서 고급 견직물이 생산된 시기를 검토해 보자.

우선 silk라고 불리는 실을 뿜어내는 내는 나방의 애벌레는 종류가 대단히 많으며, 실 성질이나 두께도 다양하다. 그 중에서 인간에게 길들여져 뽕잎도 자력으로 먹을 수 없는 종류를 家蠶이라고 한다. 학명으로는 Bombyx mori라고 하며, 1904년의 통계에 따르면 중국 대륙에만 1,277종이 있었다고 한다. 또한 家蠶은 잠을 자는 특성에 따라 三眠蠶, 四眠蠶, 五眠蠶으로 나눌 수 있다. 또한 활동시기에 따라 春蠶, 夏蠶, 秋蠶으로 나누고, 고치의 색에 따라서 白蠶, 黃蠶, 기타 등으로 나누기도 한다.[17]

그리고 고대에는 三眠蠶과 四眠蠶이 두 종류가 있었던 것으로 밝혀졌다. 누에가 고치를 틀 때까지 3번 잠을 자는 종과 4번 잠을 자는 종이 있었던 것이다. 삼면잠은 1912년까지도 우리나라에서 지속적으로 사육한 품종이다.[18] 삼면잠은 한랭 지역 특유의 누에로 사면잠에 비해서 유충으

---

14) 『史記』張儀列傳에서 乃以文繡千純이라는 내용에 대한 索隱에서는 "凡絲緜布帛等一段 爲一純"이라고 하여 명주실, 명주솜, 베, 비단천 등은 1段을 1純으로 삼는다고 하였다.

15) 『小爾雅』는 『漢書』藝文志에 이미 이름이 보인다.

16) 『史記』高祖本紀에서 劉邦은 "我以布衣, 提三尺劍, 取天下."라고 하였다.

17) 謝豐國, 『家蠶的一生及其利用』(www.nmns.edu.tw/New/PubLib/NewsLetter/88/138/05.html)

로 있는 기간이 짧고, 크기도 작고, 실도 가늘고, 부드럽고, 가벼우며, 염색하기 쉽다고 한다. 사면잠은 淮水 이남의 華中, 華南 지역에서 기원한 품종으로 생각하고 있다.

이제『三國志』에서 사용한 綿과 縑이라는 용어를 구체적으로 살펴보도록 하자. 綿은 명주(紬)나 명주실이다. 綿은 帛·絹·紬와 함께 가장 일반적인 비단을 말한다. 한편 縑은 생명주 혹은 絹보다 촘촘한 비단이라는 뜻을 가지고 있다. 縑은『說文解字』에서는 두 실을 아울러 짠 비단이라고 하였고,[19]『釋名』에서는 실이 치밀하고 가늘며 絹보다 배로 촘촘하며, 5색을 아울러 염색하고, 치밀하고 가늘어 물이 새지 않는다고 하였다.[20] 한편『廣雅』에서는 繰를 縑이라고 한다고 하였다.[21]『說文解字』는 後漢 시대의 100년에 집필된 것이고『석명』은 후한 말에서 魏 초기에 활동한 劉熙의 저술이라고 하며,『廣雅』(혹은『博雅』라고도 한다)는 三國時代의 魏 나라 때(227년 경) 張揖이 편찬한 것이다. 그렇다면 세 문헌은 각각 100년 경, 200년 경, 220년 경에 편찬된 셈이다.

그런데 세 문헌이 설명하고 있는 縑은 다소 차이가 난다.『說文解字』가 두 실을 꼬아서(아울러서, 騈·幷) 한 가닥으로 만들어 그 실로 짠 비단이라고 설명하고 있는데 대하여,『釋名』은 일반 비단보다 배로 촘촘하고 치밀한 비단이라고 하였다.『廣雅』는 繰와 縑이 같다고 하였다. 繰는 고치에서 실을 켜는 일, 혹은 검은 빛을 띤 푸른색이며 거칠게 짠 비단이다.『大漢和辭典』에서도 繰는 짙은 청색 비단, 촘촘하게 짠 비단, 고치를 켠다는 뜻이 보인다. 한편『漢書』의 顏師古(581~645) 注에서는 縑을 당시의

---

18)『한국민족문화대백과사전』잠사업
19)『說文解字』糸部 縑幷絲繪也. 從糸, 兼聲. 謂騈絲爲之雙絲繪也.
20)『釋名』縑兼也. 其絲細緻數兼於絹. 染兼五色, 細緻不漏水也.
21)『廣雅』釋器 繰爲之縑.

絹과 같다고 하여, 일반적인 비단으로 이해하였다. 이처럼 어휘의 의미는 시대적인 편차가 적지 않은 것으로 보인다. 또한 縑은 漢代 이전에는 보이지 않고 前漢에 이르러서 널리 사용되었으며, 따라서 한나라 때 처음으로 짜기 시작한 것으로 보는 견해가 있다.[22]

주목해야 할 점은 『說文解字』와 『釋名』 사이에서 확인되는 縑의 차이다. 『說文解字』의 설명을 일반적인 견해와 같이 合絲 즉 두 가닥의 명주실을 꼬아 한 가닥으로 만들어 짠 비단인 것처럼 해석할 경우, 촘촘하고 치밀하게 짠 비단이라고 한 『釋名』의 설명과는 거리가 멀어진다. 두 가닥을 꼬아 한 가닥으로 만들었을 경우에 그 실을 가지고 촘촘한 비단을 만들기 어렵기 때문이다. 그런 점에서 『說文解字』의 문장을 다른 각도에서 이해할 필요가 있는 것으로 보인다. 『說文解字』는 실을 꼰다는 의미를 가진 索·絞·絢 등의 글자를 사용하지 않고, 비단을 짜는 일과는 거리가 있어 보이는 駢·并을 쓰고 있다. 并이 어우른다는 뜻이 있으므로 縑을 두 가닥의 실을 한 가닥의 실로 어울러서 짠 비단으로 본 것이다. 그러나 縑은 兼 즉 일반적인 비단보다 2배로 촘촘하게 짠다는 뜻이 들어 있다. 『釋名』은 바로 그 점을 지적한 것이다. 并은 兼과 같은 뜻을 가지고 있기도 하다. 일본에서도 縑은 '카토리기누' 즉 촘촘하게 짠 비단이라는 뜻으로 사용된다. 그렇다면 縑은 合絲 비단이 아니라 일반적인 비단보다 더 촘촘하게 치밀하게 짠 비단으로 이해해야 할 것이다.[23]

한편 生絲는 한 가닥, 두 가닥으로 나누어 생각하기 어려운 점도 縑의 뜻을 파악하는 데 도움이 된다. 繭絲는 고치에서 뽑아내는 실을 말하는데 이는 누에가 만드는 실이다. 그런데 이 繭絲는 한 가닥이 2~3데니르(denir)[24]이다. 즉 굵기가 한 가닥에 0.02~0.03mm 정도이다. 이렇게 가는

---

22) 박일록, 「絹의 어원학적 고찰」, 『圓大論文集』 32-2, 1996, 16~17쪽
23) 『日本書紀』 孝德紀에서도 縑은 絁 즉 거친 비단과 대비되고 있다.

繭絲로는 직물을 짤 수 없기 때문에 여러 개(7~9개)의 고치에서 나오는 실을 합쳐서 21~27데니르(0.21~0.27mm) 정도로 만들어서 실을 잣는데, 이를 生絲라고 한다. 실제로 春秋戰國時代의 曾侯乙墓에서는 經絲와 緯絲의 밀도가 1㎠에 86×34 가닥, 두께 0.28mm(經絲는 0.116mm로 추산)의 견직물이 출토되었다. 縑의 생산이 시작된 시기는 정확히 알 수 없지만, 용어의 출현이나 한 대의 견직물을 보면, 한 대에 일반화된 것으로 보아도 큰 무리가 없을 것이다.

한 대의 비단은 1cm당 經絲 60가닥 이상, 緯絲가 30가닥 이상이다.[25] 經絲를 기준으로 보면 1cm 안을 빈틈없이 명주실로 짜 넣는다면 그 두께가 0.167mm인 셈이다. 이는 현재의 일반적인 비단에 사용되는 명주실 두께 약 절반에 해당하고, 이름 그대로 명주실이 2배가 들어가는 비단이었다고 할 수 있다. 그렇다면『說文解字』의 표현도 실을 꼰 것이 아니라, 2배로 늘여놓았다는 뜻으로 볼 수 있다. 즉 동일한 간격에 종래보다 2배나 많은 실을 사용했기 때문에 촘촘하고 치밀하여 물이 새지 않을 정도라고 한 것이다.

그렇다면 왜 縑이 후한 말 위 초에 이르러서는 繰와 같은 뜻으로, 또한 6세기 이후에는 일반적인 絹으로 이해되었을까? 이는 가는 실로 촘촘하게 짜는 縑이 일반적인 비단의 형태로 정착되었기 때문으로 생각된다. 가는 명주실로도 천을 짤 수 있는 기술이 확보되면서, 비단이라고 하면 縑을 떠올리는 단계에 이르면서 더 이상 縑은 특수한 비단으로 여겨지지 않았던 것이 아닐까? 또한 繰 즉 실을 잣는 것과 의미가 통하게 된 것도 가는 실을 뽑아내기 위해서 특수한 기술이 필요하였을 것이기 때문에, 실을 잣는 점에 주목한 기록이라고 생각할 수 있다. 이처럼 縑의 의미가 조

---

24) 1 denir은 9000m가 1g이 되는 굵기이며(비중 1.3), 이는 10μ(0.01mm)에 해당한다.

25) 佐原眞,『魏志倭人傳の考古學』, 岩波現代文庫, 2003, 90쪽

금씩 달라지고 있다는 점을 염두에 두고 사료를 읽어야 할 것이다. 한편으로 縑의 생산은 단순히 기술적으로 가는 실을 뽑을 수 있게 된 때문만이 아니라, 명주실을 뽑는 누에 자체에도 변화가 있었기 때문이기도 하다.

늦어도 3세기 중엽 경 弁辰 사회에 縑으로 대표되는 한 대의 고급견직물 직조기술이 확립되었음을 알 수 있다.[26] 그러나 후술할 바와 같이 綵를 이용한 錦의 직조는 사료상 확인되지 않는다. 이는 왜가 倭錦을 생산하고 또 魏에 조공하였던 것과는 다른 점이라고 할 수 있다.

아울러 삼한 사회에서 제련을 통한 철의 생산이 본격화되는 시기도 역시 낙랑군민의 유입 이후로 짐작된다. 이미 기원 전후한 시기부터 철의 생산이 시작되었다고 보는 견해도 있고, 특히 염사착의 기사와 관련하여, 염사착이나 진한의 수장들이 낙랑군의 주민 1500명을 사역하여 철을 생산한 것으로 보는 견해도 있다.[27] 물론 이미 지적된 것처럼, 戶來 등의 漢人들이 재목을 벌채한 것은 철의 생산과 관련되었을 가능성은 충분히 있다. 그러나 그들을 붙잡아 역시 재목을 벌채하여 목탄용으로 사용하였을 것으로 보고, 염사착이 원래 있던 지역과 낙랑군 사이에 철광산이 있었다고 보는 것은 문제가 있다.

왜냐하면 우선 戶來는 진한의 포로가 된 이후에도 계속 벌채를 한 것이 아니라 밭 가운데서 참새를 쫓고 있었다고 하였다. 즉 농사를 짓는 노예가 된 것이다. 戶來 등이 재목을 벌채하기 위하여 아마도 남벌 때문에 부족해진 목재를 찾아서 진한의 경계까지 이르렀기 때문에 진한의 포로가 되었고, 포로가 된 이후에는 벌채를 계속한 것이 아니라 농사에 종사하

---

26) 물론 그 이전에도 平絹으로 대표되는 간단한 비단은 직조할 수 있었을 것이다. 다만 여기서는 縑과 錦과 같은 고급 견직물을 중심으로 이해하였다.

27) 鈴木靖民, 『倭國史の展開と東アジア』, 岩波書店, 2012, 86쪽

고 있었다고 보는 편이 자연스러운 해석이 될 것이다.

또한 단순히 재목을 벌채하는 사람이 철을 생산하는 핵심기술을 알고 있었다고 보기 어려우므로, 이들을 통해서 제철기술을 익혔다고 보기도 어렵다. 역시 본격적으로 철이 생산되기 시작하는 것은 낙랑군민들의 유입 이후이며 제철기술을 가진 사람들도 그 속에 포함되어 있었다고 해야 할 것이다. 이처럼 후한 말기에 군현 지배의 이완으로 낙랑군민이 삼한 사회로 유입되면서 고급 비단직조술과 본격적인 제철기술이 삼한사회에 전해졌다고 할 수 있다.

한편 弁辰의 철은 二郡 즉 樂浪과 帶方에 供給한다고 하였는데, 供給의 뜻을 현재의 용법과 같이 供給하다(supply)로 이해해서는 안될 것이다. 이는 지급하다(pay, provide)나 조세를 부담하다(be burdended with taxes)는 뜻에 가깝다.『삼국지』의 다른 사례를 보도록 하자.『삼국지』"古者, 一夫不耕, 或爲之饑;一婦不織, 或爲之寒. 中閒已來, 百姓供給衆役, 親田者旣減, 加頃復有獵禁, 羣鹿犯暴, 殘食生苗, 處處爲害, 所傷不貲."[28] 여기서는 백성들이 衆役 즉 여러 가지 役을 부담하게 되었다는 뜻이다. 좀 더 가까운 사례를 보면, "其八年, 詣闕朝貢, 詔更拜不耐濊王. 居處雜在民間, 四時詣郡朝謁. 二郡有軍征賦調, 供給役使, 遇之如民."[29]을 들 수 있다. 낙랑·대방군에 군사적인 정벌이 있거나 賦調가 있으면, 供給·役使한다고 하였으므로, 이 역시 부담하는 뜻에 가깝다. 즉 賦調나 軍役을 부담하는 것이다. 그런 의미에서 弁辰에서 철을 二郡에 供給하였다는 것은 철의 수요에 대응하여 철을 공급하여 유통시켰다는 의미라기보다는 일종의 貢物이나 특산물처럼 부담으로 의무화된 것이라고 할 수 있을 것이다. 왜 弁辰과 二郡 간에 이러한 관계가 발생했는지는 앞으로 밝혀나가

---

28)『三國志』魏書 卷二十四 韓崔高孫王傳 高柔.

29) 三國志 魏書 卷三十 烏丸鮮卑東夷傳 東夷 濊.

야 할 과제이다.

Ⅲ. 倭

삼한과 왜를 비교하면 왜에 대한 정보가 더 자세하다고 할 수 있다.[30] 『三國志』에서 倭를 자세히 기록한 것은 吳와 대립하고 있는 魏로서는 吳를 견제할 수 있는 세력으로 간주하였기 때문이다.[31] 또한 帶方郡에서 직접 일본열도에 사신을 파견하여 九州 북부지역을 찾는 등 직접적인 견문을 통한 자료가 있었기 때문에 보다 자세하게 왜의 사정을 기록할 수 있었다.

1.『三國志』

왜에 관한 최초의 기록은 『漢書』 지리지에 보인다. 樂浪海 중에 왜인이 있는데 100여 개의 소국으로 나뉘어 있으며, 歲時에 와서 공물을 바치고 알현한다고 하였다.[32] 漢武帝가 고조선을 멸망한 후의 지리정보에 바탕을 둔 것으로 추측되므로, 기원전 1세기 경의 상황으로 짐작된다.[33] 또한 57년에는 倭의 奴國王이 사신을 보내 공물을 바치므로 光武帝가 印綬를 하사하였다.[34] 이어서 107년(孝安帝 永初 원년)에 왜국왕 帥카이 生口 160

---

30)『三國志』東夷列傳 韓條는 1600여 자이고 倭人條는 2000여 자이다.

31) 森浩一,『魏志倭人傳』, 講談社, 1972, 12~26쪽

32)『漢書』지리지 燕地條, "樂浪海中有倭人, 分為百餘國, 以歲時來獻見云."

33) 鈴木靖民,『倭國史の展開と東アジア』, 岩波書店, 2012, 2~3쪽

인을 바쳤다.[35] 극히 단편적인 기사이므로 자세한 사정을 알 수 없다. 다시 후한 말에 이르러 왜국에서도 大亂이 일어났고, 그 결과 卑彌呼라는 여왕이 즉위하였음을 알 수 있다. 卑彌呼가 직접 사신을 파견한 것은 魏代의 일이다. 그 과정을 다음과 같이 기록하고 있다.

그 나라가 본래 남자로 왕을 삼은 지, 7~80년이 지났다. 왜국이 혼란하여 서로 공격한 지 여러 해가 지나자, 마침내 여자를 왕으로 共立하였다. 이름을 卑彌呼라고 한다.[36]

倭國王 帥升을 永初 원년(107년)에 사신을 파견한 주체로 본다면 107년으로부터 7~80년 지난 光和·中平 연간이 卑彌呼가 즉위한 시점이라고 할 수 있다. 일본열도에서 中平이라는 연호(184~188)가 있는 鐵刀가 天理市 東大寺山古墳에서 출토된 것은 卑彌呼의 즉위와 관련된 가능성이 있다.[37] 한편 魏 少帝 正始 8년(247)에 卑彌呼는 위나라에서 狗奴國과 전쟁을 벌이게 된 사실을 보고하였으며, 그 직후 卑彌呼는 죽었다.

女王國은 그 북쪽 지역에 특별히 一大率을 두어 여러 소국들을 檢察하게 하니 여러 소국들이 두려워하고 꺼렸다. 항상 伊都國에서 다스렸는데, 마치 위나라에 刺史가 있는 것과 같았다. 왕이 사신을 京都(魏의 수도), 帶

---

34)『後漢書』光武帝 劉秀紀. "東夷倭奴國王遣使奉獻" 및 東夷列傳 倭條. "建武中元二年, 倭奴國奉貢朝賀, 使人自稱大夫, 倭國之極南界也. 光武賜以印綬."

35)『後漢書』孝安帝 劉祜紀 永初 元年. "冬十月, 倭國遣使奉獻." 및 東夷列傳 倭條. "倭國王帥升等獻生口百六十人, 願請見."

36)『三國志』東夷列傳 倭條. "亦以男子爲王, 住七八十年, 倭國亂, 相攻伐歷年. 乃共立一女子爲王, 名曰卑彌呼."

37) 石野博信,『邪馬臺國の考古學』, 吉川弘文館, 2001, 2~3쪽

方郡이나 여러 韓國에 보내거나, 帶方郡의 사신이 倭國에 올 때, 항상 항구에서 짐을 펼쳐서 조사하니, 傳送하는 문서나 賜遣하는 물품을 여왕에게 보내는 데 있어서 차이나 착오가 없었다.[38]

　여기서 주목할 것은 여왕국은 帶方郡만이 아니라 京都 즉 魏의 수도에도 사신을 파견하고 있다는 점이다. 景初 2년(238년) 6월에 왜의 여왕은 大夫 難升米를 보내어 천자를 조정에서 알현하고 직접 물품을 헌상하고 싶다고 하였다. 이에 당시 帶方郡 태수 劉夏는 관리와 병사를 내어 경도로 보냈다.[39] 왜의 사신을 직접 접견한 위의 황제 明帝는 그해 12월 왜의 여왕에게 답하는 詔書를 내렸다. 이에 따르면 대부 難升米 이외에도, 次使[40] 都市牛利가 함께 파견되었음을 알 수 있다. 또한 이들은 남자 生口 4인, 여자 生口 6인을 비롯하여 班布 2필 2장을 바쳤다.
　이에 明帝는 왜의 여왕이 멀리 떨어진 곳에 있는데도 사신을 보내 공물을 바치니 이는 여왕의 충효를 나타내는 것이니 심히 슬프게 여긴다고 하고, 여왕을 親魏倭王으로 삼고 金印紫綬를 내리고 아울러 사신으로 온 難升米는 奉善中郎將, 牛利는 奉善校尉로 삼고 銀印青綬를 내렸다. 한편 絳地交龍錦 5필, 絳地縐粟罽(융단) 10장, 蒨絳 50필, 紺青 50필을 왜의 여왕이 보낸 물품에 대한 대가로 지급하고, 특별히 여왕에게 紺地句文錦 3필, 細班華罽 5장, 白絹 50필, 金 8량, 五尺刀 2구, 銅鏡 100매, 眞珠와 鉛丹 각 50근을 내렸다. 이때 明帝는 "모두 싸고 봉인하여 難升米와 牛利에게

38)『三國志』東夷列傳 倭條. 自女王國以北, 特置一大率, 檢察諸國, 諸國畏憚之. 常治伊都國, 於國中有如刺史. 王遣使詣京都·帶方郡·諸韓國, 及郡使倭國, 皆臨津搜露, 傳送文書賜遺之物詣女王, 不得差錯.
39)『三國志』東夷列傳 倭條. 景初二年六月, 倭女王遣大夫難升米等詣郡, 求詣天子朝獻, 太守劉夏遣吏將送詣京都.
40) 사신단의 次官 즉 副使로 생각된다.

부치니 돌아가면 확인하고 받으라. 너의 나라 안 사람들에게 모두 보여서, 국가(魏)가 너를 불쌍히 여겨 정중히 너에게 좋은 물건[41]을 내렸음을 알게 하라"고 하였다.[42]

『삼국지』에 보이는 이러한 물품을 五尺刀와 銅鏡을 중심으로 일본열도에서 출토되는 유물들 중 어느 것에 해당하는지를 밝히려는 작업이 현재도 활발하게 진행 중이다.[43] 또한 이 기사를 통해서 당시의 국제 교류의 양상을 보다 구체적으로 파악할 수 있다. 우선 魏의 입장에서 東夷 그 중에서 濊·韓·倭는 樂浪·帶方郡에서 관할하였다. 직접 魏의 수도까지 사신을 파견하는 것이 아니라, 二郡에서 일차적으로 외교적인 업무를 담당하였고, 京都까지 가고자 원하는 경우에는 관리와 병사(吏將)를 딸려서 京都도 호송하였음을 알 수 있다. 이는 韓과 濊의 경우도 다르지 않았을 것이다.

다음으로 주변 국가들이 바치는(貢獻·朝獻) 물품에 대하여, 魏는 먼저 그 물품에 대한 대가를 지급하고 다시 그 왕에게 특별한 물품을 따로 주었음을 알 수 있다. 왜인의 경우는 銅鏡 100매가 포함되어 있어 주목을 끄는데, 魏 이전의 後漢鏡도 다수 일본열도에서 출토되고 있으므로, 이는 왜의 요구에 따라 지급되었을 가능성이 높다. 또한 명제가 왜의 여왕에

---

41) 원문은 '賜汝好物'인데, 이 부분을 너가 좋아하는 물품 즉 여왕이 요구한 물품으로 해석하는 견해도 있다.

42) 『삼국지』 東夷列傳 倭條. 其年十二月, 詔書報倭女王曰, "制詔親魏倭王卑彌呼, 帶方太守劉夏遣使送汝大夫難升米·次使都市牛利奉汝所獻男生口四人, 女生口六人·班布二匹二丈, 以到. 汝所在踰遠, 乃遣使貢獻, 是汝之忠孝, 我甚哀汝. 今以汝爲親魏倭王, 假金印紫綬, 裝封付帶方太守假授汝. 其綏撫種人, 勉爲孝順. 汝來使難升米·牛利涉遠, 道路勤勞, 今以難升米爲率善中郎將, 牛利爲率善校尉, 假銀印青綬, 引見勞賜遣還. 今以絳地交龍錦五匹·絳地縐粟罽十張·蒨絳五十匹·紺青五十匹, 答汝所獻貢直. 又特賜汝紺地句文錦三匹·細班華罽五張·白絹五十匹·金八兩·五尺刀二口·銅鏡百枚·眞珠·鉛丹各五十斤, 皆裝封付難升米·牛利還到錄受. 悉可以示汝國中人, 使知國家哀汝, 故鄭重賜汝好物也."

43) 石野博信, 『邪馬臺國の考古學』, 吉川弘文館, 2001, 40~55쪽

게 내린 詔書의 문면을 통해서는, 특별한 정치적 의도나 긴급한 외교적 필요성이 아니라, 멀리 떨어진 지역에서 조공한 행위 자체에 대해서 忠孝로 높이 평가하고 親魏倭王으로 임명하는 한편 여러 가지 물품을 내렸다.

그러나 왜의 여왕의 입장에서는 멀리 위의 수도까지 사신을 파견한 것은 국내의 정치상황과 관련하여 구체적인 의도가 있었던 것으로 생각된다. 247년에 이르러 卑彌呼가 구노국과 불화를 일으키게 되었다고 한 것처럼, 일본열도 내부에서 여왕국의 지위를 안정시키기 위해서는 魏와 통교하여 왜왕의 지위를 인정받고 또한 위신재로서의 銅鏡을 입수하여 지방의 유력호족들에게 분여할 필요가 있었기 때문이다. 한편으로 魏에서 지급한 고급 견직물 역시 威信財로서 사용되었을 것으로 추측할 수 있다. 그런데 倭에서도 魏에 견직물을 보낸 기사가 있어서 주목할 만하다.

2. 倭錦

일본의 경우는 고대의 蠶桑 및 견직물의 직조에 대한 연구가 상당히 진전되었다. 대표적인 것으로 布目順郎의 연구를 들 수 있다.[44] 그의 연구에 따르면, 먼저 華中 계통의 四眠蠶이 도입되었다가, 후에 山東半島에 기원을 둔 三眠蠶이 들어온 것으로 보고 있다. 견직물의 섬유 단면을 현미경으로 비교해 보면, 기원전 2~3세기(彌生時代 Ⅰ·Ⅱ기)의 것은 상대적으로 굵으며 중국 화중 지역의 견직물의 섬유 단면 면적과 비슷하고, 낙랑지역에서 출토되는 견직물보다 섬유가 훨씬 굵다. 기원전 1세기 경(彌生時代 Ⅲ기)의 견직물은 비교적 가늘어서 낙랑지역에서 출토되는 견직물에 가깝고, 華中 지역의 견직물과는 상당한 차이가 있다고 한다.[45]

---

44) 布目順郎, 『絹と布の考古學』, 雄山閣出版, 1988

이처럼 누에의 종류에 따라서 生絲의 굵기가 다르고, 이를 직조한 직물 자체에도 차이가 남을 알 수 있다.

그러나 일본열도에서 본격적으로 견직물이 생산되기에 이르는 시기는 1~2세기로 추정하고 있으며 정확한 개시 시기는 알 수 없다. 특히 錦의 생산 시기는 분명하지 않다. 다만 『三國志』에는 倭가 魏에 왜의 견직물을 바친 기사가 있어서 참고가 된다.

『三國志』에 의하면 243(正始 4)년에 비미호는 다시 大夫 伊聲耆·掖邪狗 등 8명을 보내어, 生口·倭錦·絳青縑·緜衣·帛布·丹木·短弓矢 등을 헌상하였고, 掖邪狗 등에게 率善中郎將에 제수하고 印綬를 내렸다. 이때 바친 물품이 238년에 왜가 바친 물품과 상당한 차이가 있음을 알 수 있다. 生口와 班布만 바친 지난번과 달리, 생구를 비롯하여, 비단, 옷, 목재, 짐승, 화살 등으로 다양해졌다. 그 중에서 특히 주목을 끄는 것은 倭錦 등의 견직물이다. 견직물의 이름으로 등장하는 것은 錦·縑·緜·帛의 네 가지다. 韓條에서 縑과 緜만 보이는 데 대하여 錦과 帛이 더 보인다.

그 중에서 錦에 주목해 보자. 다양한 비단의 종류를 魏가 주변 지역에 지급한 回賜品의 내용을 통해서 확인할 수 있다. 예를 들어 魏가 왜의 여왕 卑彌呼에게 絳地交龍錦이라는 錦을 내렸다. 錦은 명주실에 각각 다른 색깔의 물을 들여 이를 짜서 무늬를 만든 것을 말한다. 물들인 실을 綵라고 하고, 이를 모아서 錦을 짜는 것이다. 『說文通訓定聲』에서는 "명주실을 염색하여 짜서 무늬를 이루는 것"이라고 하였고, 『急就篇』에서는 "물들인 명주실을 짜서 무늬를 만든 것"이라고 하였다. 또한 『釋名』에서는 "錦은 金과 같다. 만드는데 공을 들이는 것이 많으므로, 그 값이 금과 같다. 그래서 글자를 만들 때 비단(帛)과 금(金)은 쓴 것이다."라고 하였다.[46]

---

45) 佐原眞, 『魏志倭人傳の考古學』, 岩波現代文庫, 2003, 90~91쪽

전체를 한 가지 색, 혹은 부분적으로 다른 색을 염색하는 것이 아니라 미리 염색한 명주실을 이용하여 무늬가 있는 비단을 짜는 것을 말한다. 錦은 3색, 5색 혹은 7색의 염색사를 사용하여[47] 단순한 바둑판 형태의 무늬부터 용 혹은 갈고리 모양과 같이 복잡한 圖象을 표현하기도 하였다.

염색을 하지 않은 명주를 사용하여 짠 비단과 비교하면 錦은 한층 발전된 염료기술과 직조기술이 필요한 단계라고 할 수 있다. 또한 그 가격이 金과 같다고 한 것을 보면 중국에서도 귀중한 것이었다.[48] 그렇기 때문에 황제가 지급하는 回賜品으로 사용되었을 것이다. 특히 絳地交龍錦은 붉은 색 바탕에 용의 무늬가 드러나도록 짠 비단이다. 또한 紺地句文錦도 푸른색 바탕에 고리모양의 문양이 있는 비단이다. 이처럼 다양한 무늬를 아로새긴 비단이 錦이었던 것이다.

錦은 앞에서 설명한 바와 같이 미리 염색한 실을 짜서 무늬를 만든 비단천이다. 이에 대해서 帛은 얇은 비단 혹은 옥색을 띤 비단을 말한다. 일반적인 생명주가 다소 누르스름한 색을 가지고 있는데 대하여 불순물을 제거하여 광택이 나도록 한 것이다. 이 또한 錦과 마찬가지로 고급 비단이다. 玉帛이라고 하는 표현이 있는 데서 알 수 있는 것처럼 옥과 같이 귀중하게 취급되는 비단이다. 물론 錦의 경우는 倭錦 혹은 異文雜錦이라고 하여, 중국에서 생산된 錦과 구분하고 있지만 錦으로 인정할 수 있는 견직물이었던 것으로 생각된다. 또한 絳靑縑이라고 하여 촘촘하게 짠 縑에 붉은색과 푸른색을 염색한 비단도 있었음을 알 수 있다.

이처럼 3세기 중엽에 이미 왜에서는 錦과 帛, 그리고 염색한 縑과 같은

---

46) 『說文通訓定聲』 "染絲織之, 成文章也."

『急就篇』 "織綵爲文也."

『釋名』 "錦, 金也. 作之用功重, 其價如金, 故其制字從帛與金也."

47) 『倭訓栞』에서는 丹, 白, 黃을 사용한다고 하였다.

48) 박일록, 「絹의 기원과 발달에 관한 연구」, 『圓大論文集』30-2, 1995, 13~14쪽

고급 견직물을 생산할 수 있게 된 것으로 보인다.[49] 이는 107년 단계에서
帥升이 生口만을 바친 것과는 크게 다른 상황이라고 할 수 있다. 물론 卑
彌呼 이전에도 일본열도에서는 蠶桑과 織造가 이루어진 것은 분명하다.

　예를 들어 吉野ケ里 유적에서도 견직물이 발견되었다. 이른바 北墳丘
墓(1세기 말~2세기 초)라고 불리는 옹관묘 속에서 발견된 絹은 주로 透
目平絹으로 불리는 것으로, 실 사이의 간격이 성글어서 안이 비치는 것이
었다. 그 중에는 縱絲를 꼭두서니(茜), 橫絲는 紫貝라고 불리는 조개의 혈
액으로 물들인 것도 확인되었다.[50] 이는 錦의 기법을 차용한 것이라고 할
수 있다. 그러나 〈표1〉에서 보는 바와 같이, 야요이시대의 전기와 중기의
견직물은 대부분 平絹이며, 錦이나 縑과 같은 고급 견직물을 직조할 수는
없었던 것으로 보인다. 다만 화중 계통의 四眠蠶과 함께 화북계통의 三眠
蠶의 견사가 사용되기 시작한 것으로 생각된다.

표 1. 布目順郎, 『養蚕の起源と古代絹』, 雄山閣, 1979, 18쪽.

자　료	견직물의 산지	견사의 품종
立岩遺跡, 素環頭刀 자루에 감긴 平絹	北九州	三眠蠶
立岩遺跡, 검 자루에 감긴 撚糸	樂浪, 日本?	?
立岩遺跡, 무기에 부착된 平絹	北九州	三眠蠶
春日市門田遺跡, 劍身에 부착된 平絹	北九州	三眠蠶
春日市門田遺跡, 검 자루에 감긴 撚絹	樂浪, 日本?	?
須玖岡本遺跡, 重圈文鏡 표면에 부착된 平絹	北九州	三眠蠶
須玖岡本遺跡, 連弧文清白鏡 표면에 부착된 平絹	北九州	三眠蠶
須玖岡本遺跡, 重圈四乳葉文鏡에 부착된 房糸	樂浪?	三眠蠶
肥前南高來郡三會村遺跡, 甕棺에서 출토된 平絹		三眠蠶

---

49) 『三國志』 魏書 東夷列傳 倭條. "種禾稻紵麻, 蠶桑緝績. 出細紵, 縑綿."
50) 佐原眞, 『魏志倭人傳の考古學』, 岩波現代文庫, 2003, 92쪽

결국 왜의 경우도 縑이나 錦을 직조할 수 있게 된 것은 2세기 초 이후 卑彌呼의 시대 사이로 보아도 큰 잘못이 없을 것으로 생각된다. 이러한 변화 역시 낙랑군 주민의 유출이나 혹은 卑彌呼의 즉위 이후 낙랑군·대방군과의 접촉의 결과일 가능성이 있다. 그러나 견직물의 발전과는 달리 제련기술은 한반도 남부지역에서 제철이 대규모로 이루어지는 3세기 이후는 물론이고 5세기 중엽까지 왜에 전해지지 않았다.

좀더 자세히 살펴보면, 야요이시대 중반까지는 단조보다 오히려 주조로

표 2. 1~3세기 漢·魏·韓·倭의 교류 연표

연도	韓	중국 왕조	낙랑·대방	왜
20~125	廉斯鑡, 戶來	王莽~安帝	含資縣 낙中	
44	廉斯人 蘇馬諟 漢廉斯邑君	光武帝	四時朝謁	
107		後漢 安帝 永初 元年	願請見	倭國王 帥升生口 160인[51]
140~180	樂浪人 유입[52]	桓靈之間[53]	郡縣	倭國大亂
189			公孫氏	
204~207			帶方郡 설치	
238~265	鐵, 蠶桑		曺魏	蠶桑, 倭錦
239		親魏倭王 假授	帶方太守劉夏	難升米 파견, 生口, 班布
240			太守弓遵	建中校尉梯儁 파견[54]
243				伊聲耆·掖邪狗, 生口·倭 錦·絳青繰·緜衣·帛布·丹 木·短弓矢
245		黃幢 假授		難升米
247			太守王頎, 塞曹掾史張政	狗奴國과 불화, 載斯·烏越[55]
				壹與 즉위
				獻上男女生口, 貢白珠, 孔 青大句珠, 異文雜錦[56]
266~313			西晉	

보이는 것이 많으며, 漢鏡 등과 함께 舶載된 것이라고 추정된다. 야요이시대 중기 이후가 되면, 주조품은 줄어들고 단조품이 증가한다. 일본열도에 철기문화가 유입되는 과정에서 변진제의 철이 樂浪·帶方 2군에 공급되고, 또한 왜를 비롯해서 주변 지역이 그것을 구입했던 것으로 보고 있다.

또 한 가지 주목되는 것은 孔靑大句珠이다. 구멍이 뚫린 청색의 굽은 옥 바로 曲玉이다. 곡옥의 재료는 여러 가지가 사용되었지만 대표적인 것인 碧玉과 翡翠이다. 그런데 翡翠의 산지는 일본열도에서 단 한 곳뿐으로, 현재의 新潟縣 糸魚川 유역에서 채집되었다. 이미 죠몬시대부터 이 옥을 가공하여 장신구 등으로 사용한 예가 있지만, 이 지역의 옥은 畿內 지역이 입수하여 위와의 외교에 사용한 것은 臺與가 최초인 것으로 생각된다. 공교롭게도 1993년에 東京都 板橋 四葉遺跡에서 야요이시대 말기의 대형 曲玉이 발굴되었고, 이 곡옥은 卑彌呼의 보석으로 불리기도 한다. 비취제 곡옥이 위신재로서 중요성을 갖게 되는 야요이시대 최말기 및

---

51) 『後漢書』 東夷列傳 倭條. 倭國王帥升等獻生口百六十人, 願請見.

52) 『후한서』 東夷列傳 韓條. 靈帝末, 韓·濊並盛, 郡縣不能制, 百姓苦亂, 多流亡入韓者.

53) 『삼국지』에서는 桓靈之間, 『후한서』에서는 靈帝末로 되어 있다.

54) 景初 2년의 遣使와 元初 원년의 建中校尉梯儁의 파견은 서로 연결되어 있는 일련의 사건이다. 難升米가 帶方郡에 도착한 것은 239년 6월의 일이었고, 그해 12월에 明帝가 조서와 물품을 내렸다. 즉 대방군에서 경도까지 가는 데 6개월 가량이 소요된 것이다. 다시 京都에서 대방군에 이르러, 대방태수 弓遵이 建中校尉梯儁을 파견하여 왜의 사신과 함께 明帝의 조서와 물품을 함께 전달하도록 한 것이다. 경도에서 대방군, 그리고 다시 왜에 이르렀다가 梯儁가 돌아와 復命한 것이 正始 원년의 일로 보아야 할 것이다. 梯儁이 전달한 물품은 용어만 간략하게 되어 있고, 明帝가 내린 물품과 같은 내용이라는 사실을 통해서 사정을 짐작할 수 있다.

55) 『三國志』 東夷列傳 倭條. 卑彌呼以死, 大作冢, 徑百餘步, 狗葬者奴婢百餘人. 更立男王, 國中不服, 更相誅殺, 當時殺千餘人. 復立卑彌呼宗女壹與, 年十三爲王, 國中遂定. 政等以檄告喩壹與.

56) 『三國志』 東夷列傳 倭條. 壹與遣倭大夫率善中郎將掖邪狗等二十人送政等還, 因詣臺, 獻上男女生口三十人, 貢白珠五千, 孔靑大句珠二枚, 異文雜錦二十匹.

古墳時代인 것으로 보고 있다.

이처럼 비취와 곡옥이라는 소재와 형식은 이미 일찍부터 있었지만, 그것이 정치 외교적으로 중요성을 갖는 시기가 『삼국지』 위서 동이열전에 처음으로 나타나는 시기와 일치하는 것을 보면, 문헌기록의 중요성을 실감하지 않을 수 없다.

IV. 韓과 倭의 교류

韓과 倭의 교류는 이미 신석기시대부터 시작되어 黑曜石, 翡翠와 같은 석재가 한반도에서 보이는가 하면, 일본의 야요이시대의 개막에는 한반도로부터 전래된 벼농사 기술이나 청동기 문화가 중요한 역할을 하였다. 그러나 봉황대 유적을 중심으로 한 왜와의 교류는 韓·倭 간의 제철기술을 중심으로 한 생산기술의 격차가 발생한 이후에 본격화되었다고 할 수 있다. 후한의 동요와 낙랑군민의 이동으로 韓과 倭 사이에는 철을 중심으로 한 기술격차가 나타나게 되었고, 倭는 臺與의 사신 파견 이후 魏와 통교도 거의 단절되었다. 즉 낙랑·대방군을 통해서 확보할 수 있었던 鐵을 취득할 수 있는 경로가 사라졌다. 이 때문에 왜는 韓 그 중에서도 弁辰으로 철을 획득할 수 있는 경로를 바꾼 것으로 생각된다.

1. 瀆盧國과 狗邪韓國

봉황대 지역을 왜와 교류하는 국제적인 무역항이라고 보았을 때 문제가 되는 것이 현재의 김해에 있었던 加耶國으로 생각되는 狗邪韓國과 부산 혹은 거제도로 비정되고 있는 瀆盧國에 대한 『삼국지』의 기술이다. 弁辰條에서는 "其瀆盧國與倭接界"라고 하여, 瀆盧國이 倭와 경계를 접하고 있다고 하였다. 瀆盧國이 거제도이든 부산지역이든 간에 왜와 경계를 접하고 있다고 하였으므로 왜와 가장 가까운 곳이라고 할 수 있을 것이다. 이에 대해서 이어지는 倭人條에서는 "從郡至倭, 循海岸水行, 歷韓國, 乍南乍東, 到其北岸狗邪韓國, 七千餘里, 始度一海, 千餘里至對馬國"이라고 하여, 왜의 北岸인 狗邪韓國에 이른다고 하였다. 문맥으로 보아 이곳에서 대마도를 향해 바다를 건너는 것으로 되어 있다. 北岸이라고 하였으므로, 狗邪韓國 역시 왜와 가장 가까운 곳이라고 할 수 있을 것이다. 다소 모순되어 보이는 이러한 기술의 배경은 무엇일까?

韓條의 첫머리에는 "韓在帶方之南, 東西以海爲限, 南與倭接, 方可四千里"라는 기록이 보인다. 동쪽과 서쪽은 바다로 막혀있고, 남쪽은 왜와 접하고 있다고 하였으므로, 이때는 한반도 남쪽 전체가 일본열도와 마주보고 있는 것으로 인식하는 이른바 面的인 인식이라고 할 수 있을 것이다. 이에 대해서 狗邪韓國이나 瀆盧國은 線的이라고 할 수 있다.

또 한편으로는 구야한국을 강조하고 있는 倭條의 기술은 왜인들의 인식이나 입장을 반영하는 것이고, 한의 남쪽 혹은 독로국을 강조하고 있는 것은 漢人 내지 韓人들의 인식이라고 할 수 있을 것이다. 그렇다면 240년 대에는 이미 왜가 구야한국과의 교역을 본격화하였을 가능성이 있다.

2. 多多羅

한편 일본에서는 지금도 전통적인 제련방식을 타타라(蹈鞴) 제철이라고 부른다. 蹈鞴란 발풀무를 말하고 또한 제련기술의 핵심적인 장치 중 하나이다. 이를 '타타라'라고 부른 것은 多多羅와의 관련을 생각하지 않을 수 없다.[57] 구야국(후의 가락국)은 늦어도 3세기 중엽에는 철을 생산하여 주변 지역에 철을 공급하였는데, 철을 일본열도로 수출하는 포구가 多多羅였으므로 일본에서는 고대의 제철기술을 多多羅와 연결지은 것으로 생각된다. 즉 봉황대 유적은 내항이라면 多多羅가 外港이었을 가능성이 있다.

『삼국유사』「가락국기」의 탈해와 관련된 전승에서 또 하나 주목해야 할 것은 탈해가 수로왕에게 하직하고 근교 변두의 나루터에 이르러 중국 배가 와서 대는 뱃길을 따라 떠났다고 한 대목이다. 수로왕은 탈해가 그곳에 머물면서 반란을 꾸밀까 염려하여, 급히 수군을 보내어 그를 쫓았다고 하였다. 그곳이 중요하였음을 보여준다. 中朝의 선박이 來泊하는 곳이 김해가 아니라 그 교외에 위치한 渡頭였다고 한 점이다. 흔히 김해 자체를 국제적인 무역항으로 인식하고 있지만, 실제로 김해는 국제적인 무역항으로 기능하기에 어려움이 있는 것이 사실이다. 우선 거리상으로 봉황대 유적에서 낙동강 하구까지는 직선거리로 16km 이상이고,[58] 낙동강 하구에 沙洲가 형성되어 직선으로 항행할 수 없다는 점을 감안하면 그 거리는 더욱 멀어지게 된다. 다음으로 외해를 항해하는 배는 尖底形이어야 한다. 연안을 항해하는 平底船과는 구조가 다르며, 일정한 수심을 확보해야 한다. 金海灣 일대의 수심이 급격하게 변한 흔적이 있는 것으로 보아 더더욱 첨저선이 지나다니기 어려웠을 것이다.

이처럼 內灣에 위치한 김해는 특히 외해를 가로질러 일본열도를 왕래하는 데는 불리한 입지라고 하지 않을 수 없다. 또한 외해를 항해하기 위해서는 안전하게 항해할 수 있는 기상조건을 보고 바로 출발해야 한다.[59]

---

57) 窪田藏郎, 『鐵から読む日本の歴史』(東京:講談社, 2003), 23~35쪽 및 199~211쪽
58) 김해에서 명지까지 40리라고 하였다. 또한 고대의 하루의 행정은 40리였다(森浩一, 앞의 책, 66~70쪽).

그런 점에서도 김해는 외항을 갖추고 있어야만 일본열도와 교역을 할 수 있었을 것이다. 그 외항으로 주목되는 것이 바로 다대포이다.

후대의 기록이지만 『일본서기』에 의하면 박제상이 미사흔과 함께 신라로 건너올 때 葛城襲津彦을 딸려 보냈다고 한다. 이들은 함께 對馬島에 이르러 鉏海水門에 머물렀다. 이때 박제상 몰래 배와 노를 젓는 사람을 나누어 미사흔을 태워, 신라로 도망가게 하였다. 나중에 속은 것을 알고는 습진언은 신라 사신 세 명을 잡아 감옥에 가두었다가 불로 태워 죽였다. 그리고 신라로 가서 蹈鞴津에 머물면서 草羅城을 함락시키고 돌아갔다고 하였다.

蹈鞴津은 삼국시대에 김해의 가라국에 속하였으며, 須那羅와 함께 주요 읍락으로 철을 수출하던 浦口였던 것으로 생각된다. 『일본서기』에 의하면 6세기를 대표하는 신라의 장군 異斯夫가 多多羅原에 주둔하였다는 기록이 보이며, 이사부가 김해의 가라국을 칠 때 정벌한 4개의 마을 중에도 多多羅가 보인다.[60] 多多羅原은 다다라 그 자체가 아니라 낙동강 하구에 형성된 沙洲를 지칭한 표현일 가능성이 있다.

3. 玉과 蘇那曷叱知

삼한사회에 제철기술이 확산되고 특히 弁辰 지역의 철이 중요해지면서, 왜와의 교류도 외교를 넘어 물자의 교류라는 측면이 강화된 것으로 생각된다. 그런데 왜가 弁辰에서 철을 구입하고자 하였을 때, 무엇으로

59) 조선시대의 경우를 보면 부산에서 대마도로 건너가기 위해서 오랜 기간 부산포에서 체재하고 있다. 1763년에 통신사로 파견된 曹巖의 경우 8월 22일에 부산포에 도착하여 10월 6일에 대마도로 출발하였다. 통신사라는 특수한 사례이기는 하지만, 외해 항해의 어려움을 잘 보여준다(曹巖, 「국역해행총재8-해사일기」(서울:민족문화추진회, 1975).
60) 『日本書紀』 繼體紀 23년 4월 是月條.

그 대가를 지불할 수 있었을까? 일찍부터 이를 둘러싼 논의가 있었으며, 生口·소금·청동기(巴形銅器 등)가 거론되었다. 그러나 魏에 孔靑大勾珠를 바친 것처럼 비취 혹은 유리제 옥도 대가의 하나로 지불되지 않았을까? 야요이시대 후기부터 유리 제작기술이 왜에 전래되었고 이를 대량으로 생산하였다. 갑자기 유리옥이 생산된 배경에는 철의 교역이 있었던 것으로 생각된다. 한편으로 변진과 왜를 연결하는 해로의 존재도 상정하지 않을 수 없다.

역사적인 인물로 단정하기는 어렵지만 봉황대 유적과 일본열도를 연결하여 해로를 이용하여 한반도에 일본열도로 건너가 활동한 인물에 대한 전승도 단편적이나마 존재하고 있다. 蘇那曷叱知가 대표적이고 신라의 왕자로 보이는 天日槍(天之日矛)도 들 수 있다. 이들 전승이 赤絹·白石·赤玉과 연관되어 있어서 비단과 玉을 연상시키는 점도 흥미롭다. 蘇那曷叱知는 『日本書紀』崇神紀와 垂仁紀에 보인다.

> 崇神天皇 65년 가을 7월 任那國이 蘇那曷叱知[61]를 파견하여 조공하였다. 임나는 축자국에서 2천여 리 떨어져 있고, 북으로 바다를 사이에 두고 鷄林의 서남에 있다.[62]

---

61) 소나갈질지에 대해 『일본서기』 수인천황 2년 시세조의 분주에서는 意富加羅國의 왕자라고 기록하고 있다. 즉 大加羅國의 왕자로 보고 있는데, 이는 任那國을 大加羅國으로 보는 『일본서기』 편찬자의 시각을 보여주고 있다. 한편 소나를 금관, 갈질지는 왕을 가리키는 것으로 보아 소나갈질지를 금관국왕이라고 보는 설과 소는 金이며, 那는 國으로 소나는 金國이라는 뜻이고, 갈은 郡, 邑의 古訓인 골이며, 질지는 臣智, 斯等과 같이 대읍장이라는 뜻이기 때문에 소나갈질지는 금국의 읍장으로 보는 설이 있다. 또한 3세기 초에 금관국이 갑자기 약해졌는데, 그 이유를 김해가야의 지배집단이 일본으로 이주했기 때문으로 보는 설이 있다.

62) 『日本書紀』 崇神紀 65년 가을 7월, 任那國遣蘇那曷叱知, 令朝貢也. 任那者去筑紫國, 二千餘里. 北阻海以在鷄林之西南.

垂仁天皇 2년 이 해에 任那人 蘇那曷叱智가 "나라에 돌아가고 싶다."고 청하였다. 아마도 선황의 시대에 알현하러 와서 아직 돌아가지 않았던 것인가? 그래서 소나갈질지에게 융숭하게 상을 주었다. 인하여 붉은 비단[63] 1백 필을 주어 임나왕에게 하사하였다. 그러나 신라인이 길을 막아 이것을 빼앗아버렸다. 양국의 원한이 이 때 처음으로 생겼던 것이다.

동 기사의 分注에 의하면, 御間城天皇[64]의 시대에 이마에 뿔이 있는 사람이 있어 배를 타고 와서 越國의 笥飯浦에 정박하였다. 그러므로 그곳을 角鹿[65]이라고 이름하였다. "어느 나라 사람인가."라고 묻자 대답하기를 "意富加羅國王의 아들로 이름은 都怒我阿羅斯等이고 다른 이름은 于斯岐 阿利叱智干岐[66]라고 한다. 일본국[67]에 聖皇이 있다는 말을 전해 듣고 귀화하였다. 穴門[68]에 도착했을 때에 그 나라에 사람이 있었다. 이름은 伊都都比古였다. 나에게 '나는 곧 이 나라의 왕이다. 나를 제외하고 또 다른 왕은 없다. 그러므로 다른 곳으로 가지 말라'고 말하였다. 그러나 내가 그 사람됨을 살펴보니 틀림없이 왕이 아님을 알았다. 즉시 다시 돌아왔다. 길을 알지 못해서 섬과 포구에 계속 머물렀다. 北海[69]로부터 돌아와 出雲國을 거쳐 여기에 이르렀다."고 말했다.

---

63) 『삼국지』 위서 동이전 倭人조에 「倭錦·絳靑縑」 등의 용어가 보인다. 또한 『三國遺事』 延烏郎·細烏女조의 전설도 비단과 관련이 있으며, 왜와 신라의 관계를 보여주는 기사로 이해되고 있다.

64) 숭신천황이다.

65) 『고사기』 仲哀天皇段에는 '都奴賀'란 말이 보인다.

66) 于斯岐는 『일본서기』 숭신천황 65년 7월조에도 보인다. 阿利叱智는 阿利斯等과 같은 말이며, 于岐는 소국의 왕호로 해석하는 설이 있다.

67) '일본국'이란 표기는 7세기 후반에 사용된 것으로 이것은 大寶令에 의한 수식문이라 볼 수 있다.

68) 지금의 下關 해협 주변을 가리킨다.

69) 여기서는 동해의 의미이다.

이 때 마침 천황[70]이 죽었다. 그대로 머물러 活目天皇[71]을 섬겨 3년이 경과하였다. 천황이 듣고 都怒我阿羅斯等에게 "너의 나라에 돌아가고 싶은가."라고 물었다. 대답하기를 "참으로 돌아가고 싶다."고 하였다. 천황이 아라사등을 불러 "너가 길을 헤매지 않고 빨리 왔더라면 선황을 만나고 섬길 수 있었을 것이다. 그래서 너의 본국[72]의 이름을 고쳐서 御間城天皇의 이름을 따라 즉시 너의 국명으로 삼아라."고 말하였다. 그리고 붉은 비단을 아라사등에게 주어 본토에 돌아가게 하였다. 그 국호를 彌摩那國이라 함은 이것이 연유가 된 것이다.

아라사등은 받은 붉은 비단을 자기 나라의 郡府[73]에 간직하여 두었다. 신라인이 그것을 듣고 군사를 일으켜 와서 붉은 비단을 모두 빼앗았다. 이것이 두 나라가 서로 원망하는 시초라고 한다.

처음에 都怒我阿羅斯等이 본국에 있을 때 황소에 농기구를 싣고 시골로 갔었다. 황소가 갑자기 없어져 그 자취를 찾아 갔다. 흔적은 어떤 郡衙[74] 가운데에 있었다. 한 노인이 "그대가 찾는 소는 이 군아에 들어갔다. 그런데 郡公들이 소가 짊어지고 있는 물건을 보니 틀림없이 잡아서 잔치를 열려는 것이다. 만약 그 주인이 오면 물건으로 보상하면 되지 않겠는가 하고 잡아서 먹어버렸다. 만일에 '소 값으로 어떤 물건을 얻고자 하는가.'라고 물으면 재물을 바라지 말고, '郡內에서 제사를 지내는 신을 달라'라고 하시오."라고 하였다. 조금 있다가 군공들이 와서 "소 값으로 어떤 물건을 얻고자 하는가."라고 물었다. 노인이 말한 대로 하였다.

---

70) 崇神天皇이다.
71) 垂仁天皇이다.
72) 意富加羅國이다.
73) 마을의 창고를 말하는 것으로 보인다.
74) 郡衙는 관공서로 郡家에 해당하지만, 당시에는 어떤 성격을 가진 것인지 분명히 알 수 없다.

그들이 제사지내는 신은 흰 돌이었다. 그래서 흰 돌을 소 값으로 받았다. 그것을 가지고 와서 침실 속에 두었다. 그 神石이 아름다운 소녀로 변했다. 이에 아라사등은 몹시 좋아하여 交合하려고 하였다. 그런데 아라사등이 다른 곳에 간 사이에 소녀가 갑자기 사라졌다.

아라사등은 크게 놀라 자기 처에게 "소저는 어디로 갔는가."라고 물었다. "동방으로 갔습니다."라고 대답하였다. 곧 찾아 쫓아갔다. 드디어 멀리 바다를 건너 일본국으로 들어왔다. 찾는 소녀는 難波에 와서 比賣語曾社[75]의 신이 되었다. 또 豊國의 國前郡[76]에 이르러 다시 比賣語曾社의 신이 되었다. 두 곳에서 나란히 제사 지낸다고 하였다.[77]

崇神紀와 垂仁紀의 본문에 보이는 인물과 『일본서기』의 分注에 인용되어 있는 意富加羅國[78] 왕자 都怒我阿羅斯等은 동일인물로 생각되는데, 그는 잃어버린 소 대신 郡에서 제사지내는 祭神을 받게 되었다. 그 제신은 白石이었고, 가져와서 잠자리에 두자 아름다운 어린 소녀가 되었다고 한

---

75) 『延喜式』 神名帳에 「攝津國 東生郡 比賣許曾社」가 보인다. 大阪市 東成區 東小橋 三町目에 위치하며, 원래 天王寺區 小橋町 愛來目山의 産湯稲荷神社의 북쪽 부근에 있었다고 한다. 『古事記』 應神天皇段 天之日矛 설화기사의 분주에는 '比賣碁曾社라고 하며 阿加流比賣神을 제사한다.'고 한다. 그리고 '고소(語曾)'를 신라의 '居西干'과 관련이 있다는 설이 있다.

76) 후대의 豊後國 國埼郡이다.

77) 『日本書紀』 垂仁紀 2년 是歲, 任那人蘇那曷叱智請之, 欲歸于國. 蓋先皇之世來朝未還歟, 故敦賞蘇那曷叱智. 仍齎赤絹一百匹, 賜任那王. 然新羅人遮之於道而奪焉. 其二國之怨, 始起於是時也. 〈一云, (중략) 初都怒我阿羅斯等, 有國之時, 黃牛負田器, 將往田舍. 黃牛忽失. 則尋迹覓之. 跡留一郡家中. 時有一老夫曰, 汝所求牛者, 入於此郡家中. 然郡公等曰, 由牛所負物而推之, 必設殺食. 若其主覓至, 則以物償耳, 即殺食也. 若問牛直欲得何物, 莫望財物. 便欲得郡內祭神云爾. 俄而郡公等到之曰, 牛直欲得何物. 對如老父之教. 其所祭神, 是白石也. 乃以白石, 授牛直. 因以將來置于寢中. 其神石化美麗童女. 於是, 阿羅斯等大歡之欲合. 然阿羅斯等去他處之間, 童女忽失也. 阿羅斯等大驚之, 問其婦曰, 童女何處去矣. 對曰, 向東方. 則尋追求. 遂遠浮海以入日本國. 所求童女者, 詣于難波爲比賣語曾社神. 且至豊國國前郡, 復爲比賣語曾社神. 並二處見祭焉.〉

78) 大加羅라는 뜻으로 김해의 금관국을 뜻하는 것으로 생각된다.

다. 어린 소녀가 사라지자 그녀를 쫓아 동쪽으로 바다를 건너 현재의 敦賀에 도착하였다고 한다. 이곳의 원래 지명은 笥飯浦였는데, 都怒我阿羅斯等의 머리에 뿔이 있다고 하여 角鹿로 부르게 되었으며 그것이 현재 지명의 어원이 되었다고 전한다.

意富加羅國에 속한 어느 郡에서 모시던 祭神이 白石이고 그 白石이 어린 소녀가 되고 다시 소녀는 현재의 大阪 지역으로 가서 다시 신이 되었다는 이야기가 중심을 이룬다고 할 수 있다. 白石 즉 흰 돌은 일반적인 흰 돌이 아니라 특별한 의미를 갖는 것이라고 할 수 있고, 비취제 곡옥이나 유리제 곡옥과 같은 것이고, 소녀가 돌아간 곳은 그 생산지의 의미를 갖는 것으로 생각해 볼 수 있다. 都怒我阿羅斯等이 소녀를 찾아 간 길은 그 당시의 해로를 반영하는 것이라고 할 수 있다.

그 항로는 일반적으로 생각하는 北九州 - 瀨戶內海 - 難波의 경로가 아니고, 關門海峽 - 北海 - 出雲 - (陸路) - 大阪이라는 경로였다. 실제로 비취로 만든 옥의 생산장소는 出雲이었다. 한편 出雲 지역은 철기의 사용에서 가장 선진적인 곳이기도 하였다. 이미 철제 도구를 사용하여 옥을 가공하기도 하였다. 따라서 都怒我阿羅斯等이 소녀를 따라서 간 길은 원래 意富加羅國과 出雲地域이 교역하던 항로였을 가능성도 있다.

그림 1. 京都府 岩瀧町 大風呂南遺跡 출토 유리제 팔찌와 동제 腕輪

한편 崇神과 垂仁은 어느 시기에 인물일까? 崇神 말기와 垂仁 초기는 『일본서기』 기년으로는 기원전에 해당하지만, 『고사기』의 사망년도 간지에 따르면 崇神의 사망을 258년 내지 318년 경으로 보고 있다.[7] 應神의 사망년도가 甲午(394), 仲哀가 壬戌(362), 成務가 乙卯(355), 景行과 垂仁의 사망년도의 간지가 없고, 崇神이 戊寅이다. 고대 천황들의 평균 재위기간이 10년 정도라는 점을 생각하면, 崇神의 사망년도는 318년일 가능성이 크다. 258년으로 보면 垂仁 景行 成務 3대의 재위기간이 97년이 되어, 평균재위기간보다 너무 길어진다. 應神天皇 이후 10세기 중엽까지 세 명의 천황이 모두 30년 이상 재위한 경우는 단 한 차례도 없고, 두 천황이 30년 이상을 재위한 것이 應神·仁德 한 차례가 있을 뿐이다. 그런 점에서 崇神의 사망은 318년이 타당한 것으로 보인다. 崇神은 『고사기』에서 최초로 사망년도의 간지를 기록한 천황이기도 하다.

이렇게 본다면 都怒我阿羅斯等이 왜로 건너간 시점은 韓과 倭이 이미 100년 정도 교역을 한 시점이라고 할 수 있을 것이다. 그런 점에서 왜의 대표적인 물품이나 항로에 대한 지식이 한에 상당한 정도로 유포되어 있었을 것이다. 垂仁이 붉은 비단(赤絹)을 주었고, 이를 신라가 빼앗아 갔다는 이야기의 배경에도 왜의 비단이 韓에서 비교적 높이 평가되었음을 짐작케 한다.

V. 맺음말

교역은 서로 없는 물건을 바꾸거나 같은 물건을 값싸게 사서 쓰려는 것이다. 사마천은 "農末俱利, 平糶齊物, 關市不乏, 治國之道也"라고 하여 농사를 짓는 사람과 末業에 종사하는 사람이 모두 이익을 얻고, 물자가 치우침이 없이 유통되고, 시장에서 모자람이 없는 것이 나라를 다스리는 도

---

79) 安本美典, 『邪馬臺國論爭に決着がついた』, 1992, JICC出版局, 94~102쪽 및 『倭の五王の謎』, 1981, 講談社, 32쪽

라고 갈파하였다.[80] 그 중에서 *齊物*이야말로 한과 왜의 교역을 촉발한 원동력이라고 할 수 있다. 한이 철을 넉넉하게 생산할 수 있었다면, 왜는 비취를 생산하였고 고급 견직물 직조나 유리옥의 가공, 청동기의 제조에서는 비교우위에 있었던 것으로 보인다.

특히 본격적인 제철기술과 고급 견직물의 직조기술은 2세기 후반의 후한의 동요기에 낙랑군민들이 韓으로 流入되면서 한 사회에 확산되었으며, 고급 견직물의 직조기술은 일본열도 사회에도 영향을 준 것으로 보인다. 이 때문에 제철기술을 확보한 韓과 이를 갖지 못한 倭 사이에는 활발한 교역이 이루어질 수밖에 없었다. 철의 대가로 왜는 비취, 유리, 錦으로 대표되는 비단 등을 지불하였을 것으로 생각된다.

---

80) 『史記』貨殖列傳.

「봉황동유적과 대외교류」에 대한 토론문

연 민 수*

본 발표는 봉황동 유적을 통한 주변제국과의 교류의 실태를 검토한 것이다. 김해시 봉황동에 위치한 이 유적은 일찍이 今西龍에 의해 소개된 이래 鳥居龍藏, 黑板勝美, 浜田耕作, 梅原末治 등에 의해 조사되었고, 1933년 조선총독부에서 '김해 회현리 조개무지'로 명명하였다. 이 시기에 지석묘, 옹관묘, 상형석관, 爐跡의 흔적이 확인 된바 있다. 이 유적에서는 왕망의 신 시대의 화폐인 貨泉이 출토되어 패총의 상한연대가 밝혀졌고, 碧玉製管玉, 세형동검, 각종 청동제품, 구조선으로 추정되는 가야시대의 배도 발견되었다. 특히 옹관은 일본 北九州地方에서도 동일계통의 옹관이 사용되고 있어 양 지역의 인간의 이동 문화교류의 흔적을 보여주고 있다. 이 유적은 대체로 원삼국시대에 해당하고, 일본의 야요이시대에서 고분시대전기, 동아시아에서는 낙랑, 대방 2군시대의 교류사를 말해주고 있다고 할 수 있다.

자료가 영성한 시대의 흩어져 있는 문헌을 정리하였고, 몇가지 고고학적 지견도 제시되었으나, 몇가지 논점을 지적하고자 한다.

1. 삼국지 위서 변진조에도 나오듯이 구야국시대의 김해의 대표적인 유물인 철제품이 출토현황은 어떤지, 확인되지 않았다면 이러한 현상을 어떻게 이해해야 하는지. 철과 관련된 지명인 多多羅를 봉황동 지역의 외

---

* 동북아역사재단

봉황동유적과 대외교류 **167**

항으로 보는 것과 관련해서도 철제 유물의 존재는 중요하다고 본다.

2. 구야국과 낙랑, 대방 2군과의 관계를 상하 종속관계로 규정하려는데, 철 등을 공납하는 일종의 정치적 신종관계로 보는 듯하다. 당시의 2군은 동아시아의 선진지역으로 한, 예, 왜가 활발히 교류하였다는 점을 고려하면, 가능한 추정이지만, 중국적 시각에서 편찬된 동이전을 읽을 경우, 이를 객관화시켜 국제교류의 측면에서 새롭게 볼 필요는 없을까.

3. 변진지역과 왜와의 교류에서 자주 철자원이 언급되지만, 그 반대급부로 왜로부터 얻은 것에 대해서는 다양한 견해가 있다. 生口, 소금, 파형토기 등을 지적하고 있으나, 보다 적극적인 논거가 필요하지 않을까 생각한다. 오히려 발표자가 지적한 동이전 韓條에는 보이지 않는 倭綿, 帛 등이 교역물로서 어울리지 않을까.

4. 봉황동 유적은 원삼국시대로 단절되는지, 4~5세기대로 전개되는 양상은 없는지, 광개토왕의 남정과 관련된, 나아가 신라의 남하와 관련된 유물로 해석되는 부분은 없는지, 지견이 있으면 말씀해 주시기 바랍니다.

종합토론

- 일시 : 2013. 4. 26. 16:00~17:40
- 장소 : 국립김해박물관 대강당

김해 봉황동유적 발굴조사 신례(심종훈)에 대한 질의응답

 **조윤재** : 심종훈 선생님의 발표에 대해 질의하실 분들은 해 주시기 바랍니다.

 **김정완** : 국립김해박물관의 김정완입니다. 발표자께서 봉황토성에 대한 성격과 명칭에 대한 재검토가 필요하다고 하셨는데, 생각하고 계시는 대안이나 그런 것이 있으시면, 말씀해 주시기 바랍니다.

 **심종훈** : 사실 이 부분은 민감한 부분이기도 하고, 저희가 아직 유구를 조사완료하지 않은 상황인지라 정확한 명칭을 부여하기는 어렵습니다. 그렇지만 경남고고학연구소에서 조사한 봉황토성의 경우에는 성곽으로 보고되었는데, 저희들이 석열을 조사한 부분에 대해서는 성곽의 형태보다는 호안석축의 기능이 더 높은 것으로 생각되었습니다. 물이 왔다갔다하는 경계점에서 전체적인 봉황동유적의 침식을 막기 위한 시설로서, 호안석축의 기능으로서 석열을 두르지 않았나 생각됩니다. 이런 부

분이 전체적으로 조사되어 어떤 부분이 성곽부분이고, 어떤 부분이 호안석열인지 규명되었으면 좋겠는데, 워낙 협소한 부분에서 조사되어, 향후 유구가 진행되어야 할 분분이므로 여지를 남겨 놓았습니다.

조윤재 : 대성동고분박물관의 심재용 선생님 질의해 주시기 바랍니다.

심재용 : 대성동고분박물관의 심재용입니다. 그림 58을 보면, 제가 조사하였던 299-14번지라든지 그런 유적이 있습니다. 제가 이 조사를 하면서 느낀 부분은 다양한 돌들이 상부에서부터 많이 나타나고 있습니다. 선생님께서 제시한 도면에도 나와 있습니다만, 돌이 나왔던 유구들을 보면, 과연 그런 유구들을 동시기의 유구로 볼 수 있는가 의문이 듭니다. 제가 299-14번지를 조사했을 때, 조선시대에도 그러한 석열이 확인되었습니다. 그렇기 때문에 통시적으로 동일시기로 보시는 게 과연 옳은 것인지 묻고 싶습니다.

심종훈 : 그 부분은 심재용 선생님께서 지적하셨듯이 저도 고민하고 있는 부분인데, 기본적으로 아랫부분에 소개된 자료들이 해발고도에서 차이가 있는 것이 인정됩니다. 해발고도가 당시에 무엇 때문에 차이가 있는지는 모르겠습니다만, 모든 유적에서 해발고도가 틀렸다는 것이 아니라 당시 어떤 조사 상황에서 잘못되었을 가능성이 큽니다. 그 부분에 대해서는 수정되어야 할 것으로 생각됩니다. 성격과 시대적인 부분에 대해서는 저희들이 재검토를 할 수 있도록 하겠습니다. 재검토 후에 유적을 해석할 수 있도록 하겠습니다. 이상입니다.

조윤재 : 이상으로 심종훈 선생님의 발표에 대한 질의 응답을 마치도록 하겠습니다. 마지막으로 해발고도 부분입니다. 기존의 수치보다 동아세아문화재연구원에서 조사한 해발고도 수치가 1.5m 올라간다는 말씀이십니까?

심종훈 : 기본적으로 저희가 비교할 수 있는 자료가 도면과 사진자료 뿐입니다. 도면과 사진 자료도 지금 현상과 동일한 2개 지점에 대해서는 비교가 가능한데, 다른 지점에 대해서는 현상변경 등으로 비교할 수 없는 부분이 많아서 명확히 말씀드리기 어렵습니다. 그렇지만, 적어도 2개 지점에 대해서는 해발고도 차이가 나는 것으로 인지 되었습니다.

조윤재 : 네, 고맙습니다. 이상으로 오전 발표를 마치도록 하겠습니다.

종합토론

조윤재 : 지금으로부터 제19회 가야사학술회의 가야의 김해 봉황동유적 종합토론을 시작하도록 하겠습니다. 마이크를 이번 토론 좌장이신 김정완 관장님께 넘기겠습니다.

김정완 : 안녕하십니까, 토론 진행을 맡은 국립김해박물관의 김정완입니다. 참 박물관 근무하기 어렵다는 생각이 듭니다. 김해박물관에 근무한 죄로 좌장을 하지 않으면 안된다고 해서 억지로 하긴 했습니다만, 이런 경험은 저도 처음인지라 여러분들이 혹시 미진하더라도 이해해 주시기 바랍니다. 오늘 심종훈 선생님의 발굴조사 보고를 시작으로 4가지의 주제발표를 들으셨습니다. 오늘의 발표들은 큰 쟁점들은 보이지 않는 것 같습니다. 어쨌든 이 자리를 마련한 목적은 연구자들끼리의 의견교환 등은 연구자들의 논문을 통해서 하시면 될 것 같고, 오늘 이 행사를 마련한 자체가 가야문화의 연구성과를 널리 알리고 홍보하는 데 있는 것 같습니다.

오늘 발표에서 봉황동유적에 대한 여러 가지 이야기가 나왔습니다. 하중도 같다는 의견도 나왔고, 수상도시라는 의견도 있었고, 유적 밖으로 외항도 있었을 것이라는 의견도 있었습니다. 토론진행은 발표순서대로 준비된 지정토론과 그에 대한 답변을 들은 후, 발표자 및 토론자 상호 간의 교차질의를 통해서 정리를 해 보고, 마지막으로 청중께 질의를 받는 것으로 진행하도록 하겠습니다.

먼저, 정찬우 선생님이 발표하신 철기시대 고김해만권 출토 동물유체 연구에 대하여 한국문화재연구원의 유병일 선생님께서 질의를 해 주시 겠습니다. 부탁드리겠습니다.

유병일 : 한국문화재연구원의 유병일입니다. 먼저 정찬우 선생님의 발표 잘 들었습니다. 저 역시도 동물 유체를 연구하고 있는 입장에서 관심 있게 들었습니 다. 들으면서 몇 가지 의문되는 점과 이해하기 어려운 부분에 대해 토론문을 기준으로 간단히 질문하겠습니다.

첫 번째, 선생님께서는 7개의 패총 유적을 통해서 고김해만권의 공간 적인 분포를 해 주시고, 그에 따르는 생업양상을 정리하셨습니다. 실제 로 고김해만이 신방리유적까지 포함을 한다면 상당히 넓은 공간면적일 수 있습니다. 그러나 그러한 면적에 비해 소개한 유적자체가 너무 적지 않은가 생각됩니다. 그리고 발굴된 패총유적만 인용하였기 때문에 설명 에 다소 무리가 있는 것 같습니다. 때문에 7개 유적 이외에 지표조사라든 지 기타 여러 연구과정에서 확인된 패총유적들을 활용한다면 고김해만 권의 정확한 분포를 알 수 있을 것으로 생각됩니다. 이에 대한 설명을 부 탁드립니다.

두 번째로 참굴이나 홍합, 소라, 전복을 잠수해서 빗창으로 채취하였다 고 하셨는데, 사실 소라나 전복 같은 경우에는 빗창으로 가능합니다. 특히 소라 같은 경우에는 손으로 주울 수도 있습니다. 하지만 참굴이나 홍합은 단단한 바위에 부착되어 있어 뼈로 만든 빗창으로는 채취에 어려움이 있을 것 같습니다. 그래서 빗창 이외에 다른 도구를 사용하여 채취하였을 가능성은 없는지, 있다면 어떤 유물이 유력한지에 대한 설명을 부탁드립니다.

세 번째로 참돔에 대해서 늦봄과 초여름의 한정된 시기에 산란을 위해 이동한 것을 포획하였다고 하셨습니다. 오늘날 자료이지만, 참돔은 포획이 연중 가능합니다. 5월이나 늦가을, 겨울에도 80㎝ 이상의 참돔을 잡을 수 있습니다. 그러한 관점에서 본다면, 한정된 시기에만 참돔을 포획하였다고 보기에는 어렵지 않은가 생각됩니다.

네 번째로 강치의 포획목적을 식량, 기름, 그리고 가죽확보, 장신구 등으로 말씀하셨는데, 아무래도 바다사자나 물개, 강치 등의 경우는 할렘을 형성하는 부분들이 있습니다. 그러한 것들을 상징하는 의도로도 강치 등을 포획하지 않았는가 생각됩니다. 그에 대한 선생님의 견해를 듣고 싶습니다.

그리고 삼국지 위서 동이전에 확인되는 반어피를 바다표범으로 알고 있는데, 왜 강치로 하셨는지 그것도 설명 부탁드립니다.

마지막으로 많은 포유류 가운데 사슴뼈가 제일 많이 출토하였는데, 잡기 쉬운 이유도 있고, 사슴이 서식하기 좋은 환경이었기 때문에 그런 것도 있겠지만, 매번 사냥해서 많은 양들을 확보 하는 것 보다는 좀 더 안정적으로 사슴뼈를 확보할 수 있는 방법이 있지 않았나 생각됩니다. 여러 자연과학적인 자료에서 유추했을 때, 방목이나 안정적인 장소에 가둬서 사육했을 가능성은 없는지에 대한 선생님의 의견을 듣고 싶습니다.

김정완 : 정찬우 선생님 답변 부탁드립니다.

 **정찬우** : 인제대학교 박물관의 정찬우입니다. 먼저, 지표조사에서 확인된 유적을 활용하는 것에는 선생님 말씀에 동의합니다. 저는 일단 기존 발굴조사된 유적에서 확인된 동물유체를 정리하는 작업이 반드시 필

요하고 중요한 작업이라 생각하여, 이번 발표에서는 7개소의 유적에 대해서만 정리를 하였습니다. 향후 연구과정에서는 지표조사에서 확인된 유적 또한 활용할 계획입니다.

두 번째, 연구대상 유적들에서 빗창이 많이 출토하지는 않았습니다만, 기본적으로 패류채취에는 빗창 또는 빗창과 유사한 골각기를 활용하였던 것으로 생각합니다. 빗창과 유사한 골각기로는 첨두기 등이 있습니다. 골각기의 경우 종방향으로 압력을 가하면 비교적 쉽게 부서지나, 횡방향으로 압박하는 힘에는 강한 저항력을 가집니다. 암초에 붙은 패류를 채취할 때는 횡방향으로 힘을 주므로, 충분히 패류채취에 활용되었을 것으로 생각합니다. 이러한 사례는 철기시대 이전 신석기시대 패총에서 확인되는 빗창류의 골각기와 전복, 소라 등 암초성 패류에서도 알 수 있습니다.

세 번째, 참돔의 경우, 선생님께서 말씀하신 기간에도 충분히 잡을 수 있습니다. 이 글에서는 참돔의 산란습성을 고려하여 당시의 주된 포획시기를 늦봄에서 초여름인 것으로 추정한 것입니다.

네 번째, 강치의 포획 목적에 '상징성'을 말씀하셨는데요, 충분히 공감합니다. 다만, 현재 고고학적으로 증명할 수 있는 유물이 용원유적에서 출토한 음경골 장식품 정도이기 때문에 좀 더 연구가 필요할 것으로 생각합니다.

삼국지 위서 동이전의 반어피의 경우는 용어사용의 차이인 것 같습니다. 저는 물개, 바다표범, 바다사자 등 강치과와 바다표범과에 속한 해상 포유류를 통칭하여 강치로 표현하였습니다. 때문에 반어피를 바다표범과 더불어 강치와 연관하여 생각하였습니다. 앞으로의 연구과정에서는 동물뼈 동정과 분석단계에서부터 용어를 구별하여 사용하도록 하겠습니다.

마지막으로 사슴포획의 경우, 저는 기본적으로 방목이라든지 사육 보다는 여러 사람이 협업을 통하여, 몰이, 덫, 궁시, 함정 등 다양한 방법으로 사냥한 것으로 생각합니다.

김정완 : 정찬우 선생님, 마지막에 빠진 것 같은데, 식용견과 수렵견의 구분에 대해서도 답변 부탁드립니다.

정찬우 : 수렵견은 다른게 아니라 사냥개라고 보시면 됩니다. 요즘 꿩 등을 포획할 때 사냥의 보조적인 역할을 하는 사냥개처럼 포획대상물을 물어 온다든지, 2차적인 공격을 가해서 포획을 확실하게 할 수 있는 용도로 사용한 것이 수렵견입니다. 늑도유적의 경우, 개들이 많이 나오는데요, 여기에서는 수렵견의 용도와는 다르게 매장견의 용도로 활용되고 있습니다. 늑도의 경우, 많은 수의 인골이 출토되고 있는데, 인골 옆에 완전한 개체의 개들이 같이 묻혀 있습니다. 그래서 늑도유적의 경우는 특별하게 매장견의 용도가 많았지 않았나 생각됩니다.

김정완 : 그럼 수렵견의 가능성을 얘기하시는 겁니까?

정찬우 : 예, 그렇습니다.

김정완 : 그러면, 수렵견과 식용견의 구분은 가능합니까?

정찬우 : 그런 경우는 현재 더 많은 자료가 축적이 되고, 자연과학적인 분석과 여러 사례들의 비교·분석 연구가 이루어져야 구체적인 용도가 확인될 것 같습니다.

김정완 : 네 알겠습니다. 다음으로 윤태영 선생님의 발표에 대해 정인

성 교수님께서 질의해 주시겠습니다.

정인성 : 반갑습니다. 윤태영 선생님의 토론을 맡은 영남대학교 문화인류학과의 정인성입니다. 오늘 발표를 들어서 아시겠지만, 고고학계에서 회현리패총에서 나온 야요이 옹관묘, 청동기 등이 일제 강점기에 보고는 있는데 유물이 어디갔는가라는 문제가 지금까지 미궁이었습니다. 최근 윤태영 선생님께서 이러한 유물들을 국립중앙박물관에서 발견하셔서, 한국·일본의 여러 연구자들이 관심을 가지고 있습니다. 사실 오늘 그 이야기가 빠져있습니다만, 윤태영 선생님이 봉황동유적에 주목하고 있는 이유는, 최근 국립중앙박물관 지하창고에서 찾은 회현리패총의 야요이 토기, 청동기의 발견이 메인인 것 같습니다. 관련해서 연구 및 보고를 준비하고 계신 것 같은데, 오늘 발표도 그 일환인 것 같습니다. 그래서 특별히 의견을 제시한 것이 아니기 때문에, 각을 세워서 선생님께 드릴 질문이 많지 않습니다. 그렇지만 학술회의 흥행을 고려해서 선생님께 몇 가지 질문을 드릴까 합니다. 우선 첫 번째는 질문은 아닙니다만, 일제강점기에 김해패총을 정리한다면, 1907년도에 이마니시 류가 조사를 시작해서 1917년에 시바타, 도리이, 쿠로이타, 그다음 또 도리이, 1920년도부터 하마다 코사쿠하고 우메하라 스에즈가 합류하게 됩니다. 1922년도에 후지타 요사쿠라는 사람이 합류하게 됩니다. 그리고 카야모토 카메지로가 발굴을 합니다만, 그 조사의 계기가 부산고고회 멤버가 옹관묘를 찾은 겁니다. 이런 몇 가지 일들이 사실은 의미를 가지고 있는데 조금 부연 설명을 드린다면, 1916년도에 조선총독부가 고적조사와 관련한 법령을 공표하게 됩니다. 일제가 모든 한반도에서 이루어지는 고적조사와 관련한 계획을 입안해서 공식적으로 실시합니다. 이러한 양상은 김해패총을 통해

서 일제의 고적조사의 어떤 흐름을 잘 읽어낼 수 있습니다. 1907년, 1914년 조사 담당자가 모두 동경대학교 교수들입니다. 혹은 교원들, 혹은 대학원생이었습니다. 그래서 1916년 전까지는 동경대학교 교원들이 개인적인 자격에서 조사를 했고, 그 대상 중에 하나가 김해패총이었다는 것을 발표문의 도표가 잘 설명해 주고 있습니다. 그러다가 1920년에 동경대학이 주도하던 고적조사를 교토대학 교원과 연구자들이 합류하게 됩니다. 원래 동경대 출신이던 하마다 고사쿠가 유럽에서 고고학을 처음으로 배워 와서 실천하기 위하여 동경대학보다 늦었지만, 제대로 고고학연구실을 설치하고, 유럽고고학을 일본에 소개하는 역할을 오히려 교토대학이 하게 됩니다. 그것이 한반도에서의 고적조사, 김해패총에서 드러납니다. 그것이 1920년대 하마다 고사쿠, 우메하라 스에지의 참여입니다. 정리를 하면, 그 이전의 조사는 일제가 동경대학의 교원들을 보내서 일본민족의 기원을 밝히고, 식민지 조선을 지배하기 위해 적절한 역사 이미지를 만들기 위한 적절한 자료를 찾기 위한 시기이고, 1920년 이후에는 확실한 계획이 입안되어서 김해패총은 효용성이 있다, 일본민족의 기원을 설명할 수 있다, 즉 야요이토기가 금석병용기인데, 김해패총을 발굴하니 똑같은 양상이 나온다는 것이 일본학계에서 인정받아, 김해패총이 보존이 됩니다. 이런 맥락을 이해하면서 김해패총을 조사하시면 훨씬 더 좋지 않겠는가 생각해 봅니다.

질문 드리겠습니다. 사실 김해패총과 관련해서 윤태영 선생님의 자료 가운데, 회현리패총 D구의 유구배치도가 있습니다. 배치도를 잘 보시면, 제일 오른쪽에 석축이 존재합니다. 석축의 뒷시기에 부가되어서 작은 석관들이 만들어지는 것을 사진을 통해 알 수 있었습니다. 그런데 석축의 중앙에 주거지가 있는데, 주거지 왼쪽에 돌멘(지석묘)이라 되어 있습니다. 이것이 지금 현장에 가 보면 상석이 사면에 기울어져 있고, 그 위쪽에 주거지 라인이 있습니다. 조사 도중에 있는 사진을 보여 주셨는데, 이 도면들을 보고 최근 덕천리 발굴 이후에 소위 기단식 석축을 가진 청동기시대 구획묘가 우리 학계에 본격적으로 제기되었는데, 원래 이상길 선생님이 덕천리를 하면서 김해패총도 석축이 있는 것이 아닌가 추정했었습니다. 그렇다면 중앙에 있는 것이 혹시 지석묘가 아닐까하는 말씀을 했었습니다. 이러한 의견을 논문으로 발표했다는 말을 못 들었었는데, 지난 주 이상길 선생님의 유작이라 할 수 있는 덕천리 보고서가 나왔습니다. 보고서를 보니 꼼꼼하게 정리가 되어 있었습니다. 이 주거지가 다른 도면에서는 부석주거지라고 되어 있습니다. 주거지에 돌이 차 있습니다. 일부를 제거한 사진을 오늘 보여 주셨는데, 이 모습이 바깥쪽 기단 석축, 그 다음에 중앙부가 주거지입니다. 거기에 상석이 약간 밀려나 있습니다. 이런 상황이 소위 덕천리 지석묘와 유사합니다. 그래서 아마도 재조사를 해야겠지만, 이것이 소위 2단 굴광 내지는 1단 굴광을 가지는 기단식 지석묘일 가능성이 있는 것이 아닌가하는 생각이 드는데, 거기에 대해 선생님이 어떻게 생각하시는지, 혹시 국립김해박물관에서 재조사 계획이 있으신지를 알고 싶습니다.

또 하나, 분명히 지석묘보다 옹관이 뒷시기일 것인데, 그때까지는 지석묘가 기능을 하고 있었다고 생각됩니다. 그런데 만약 주거지가 아니라면, 주거지단계 삽입설이 없어지는 것이고, 여기에 소위 묘역이라는 공간이 없어지고, 패총을 비롯한 생활공간으로 바뀌게 되는데, 그 상한시기를 알고 싶습니다.

마지막으로, 최근에 선생님께서 발견하신 김해패총의 야요이 옹관을 검토하고 계신 것으로 알고 있습니다. 그 내용에 대해, 오늘 발표문에는 내용이 거의 없는데, 과연 국립중앙박물관 지하 수장고에서 찾은 옹관의 정체에 대해 설명을 듣고 싶습니다. 그 시기와 제작자, 야요이인인지 아니면 이쪽에서 야요이토기를 흉내 내서 만든 것인지, 묻힌 사람이 야요이인지, 그들이 왜 세형동검을 썼는지에 대한 의견을 듣고 싶습니다.

김정완 : 예, 멘트 겸 질문을 해주셨습니다. 국립중앙박물관의 일제강점기 유물에 대해서 제가 잠시 설명을 드리고, 윤태영 선생님의 답변을 듣도록 하겠습니다. 국립중앙박물관 지하수장고에 있다가 발견되었다고 하셨는데, 이 유물들은 지금의 국립중앙박물관 이전에 경복궁에 있을 때부터 2금고라는 곳에 다른 일제강점기 때 유물과 함께 있었습니다. 용산으로 옮기기 전까지는 이곳의 유물을 정리하는 것이 역부족이었습니다. 용산으로 이전하여 박물관 규모도 커지고 여유가 조금 생기기 시작하면서, 일제강점기시대의 유물을 본격적으로 정리 하고 있습니다. 이후 몇 년 전에 우메하라 자료집도 나왔고, 지금도 계속 정리 중에 있습니다. 그러한 작업이 좀 더 양성화되어서 현재 국립중앙박물관의 사업 가운데 하나가 일제강점기시기의 미보고 자료 공개가 있습니다. 이 사업은 전국 국립박물관 단위로 추진하고 있습니다. 올해부터 예산이 배정되기 시작하였는데, 국립김해박물관에서는 김해패총과 창녕교동고분군입니다. 이러한 사업이 전국 동시적으로 시행하고 있기 때문에, 일제강점기 때의 의문점들이 사업이 완료되면 어느 정도 해소되지 않을까 생각합니다.

윤태영 선생님, 답변해 주시기 바랍니다.

윤태영 : 국립김해박물관의 윤태영입니다. 먼저 일제강점기의 김해 회현리패총 조사에 대해 몇 군데 보고서에서 자료 정리한 것을 분석하면, 사실 저도 자료만 정리를 한 상태이기 때문에, 일제강점기 당시 한반도의 조사에 대한 정인성 선생님의 말씀이 많은 참고가 될 것 같습니다.

주거지 부분에 대해서는 제가 사진을 입수하고 열심히 관찰을 했는데, 정인성 선생님께서 말씀하신 창원 덕천리와 같은 지석묘 하부구조가 아니냐 하는 가능성도 있을 것으로 보여지지만, 창원 덕천리라든지 창원 봉산리유적의 경우에는 상부 적석이 노출되면 상당한 깊이까지 쌓여 있기 때문에, 회현리패총의 부석주거지처럼 바닥면에 흙이 드러나지 않습니다. 전체적으로 보고서를 분석해 보면 어떤 확실한 결과가 나오겠지만, 지금까지의 자료로 봐서는 부석주거지의 가능성이 오히려 더 높지 않은가 생각됩니다. 부석이 깔려 나오는 유구가 1992년도에 부산대학교박물관에서 조사한 봉황대유적에서도 확인되었습니다. 그리고 2003년도 경남발전연구원 역사문화센터에서 조사한 해반천변에서도 확인되었습니다.

주거지의 시기 부분은 회현리패총의 경우에는 카야모토가 조사한 D구에 대한 상부 패각층을 보면, 5세기 전반까지 볼 수 있기 때문에, 패총의 유존시기인 2세기에서 6세기가 가장 적합하지 않은가 생각됩니다.

마지막으로 옹관에 대해서는 현재 복원이 완료된 것도 있고, 작업을 계속해야 하는 것도 있습니다. 빠르면 올해 12월, 늦어도 내년 3월 이전까지는 보고서를 발간할 계획입니다.

김정완 : 답변 감사합니다. 다음으로 전옥연 선생님의 발표에 대해 심재용 선생님 질의 부탁드립니다.

심재용 : 대성동고분박물관의 심재용입니다. 김해 봉황동유적은 봉황대구릉과 그 주변을 중심으로 이루어져 있으며, 발굴조사와 시굴조사에 의해 금관가야의 중심취락지로 주목받아 왔습니다. 저도 일부 조사에 참여 하였지만, 발굴조사구간의 경우 발굴조사보고서가 완간되지 않은 곳

이 많아 봉황동유적의 상세하고 종합적인 성격을 살펴보기가 힘든 편입니다. 이러한 상황 하에서도 본 발표문은 봉황동유적을 4개의 권역으로 구분한 후 구간별 특징을 잘 정리하였습니다. 무엇보다도 우수기와 갈수기의 봉황동유적의 지리적 환경을 유추하면서 항구라는 개방적이고 국제적인 면모를 보임과 동시에 그 중심으로의 접근이 쉽지 않은 이중적인 면모를 동시에 갖추고 있는 유적으로 평가하고 있는 점이 인상적이었습니다.

몇 가지 질문을 드리겠습니다. 먼저, 발표자께서는 봉황대 동~남편 권역은 금관가야의 중심거주역이고, 구릉 자체는 하천과 바다를 한눈에 조망할 수 있는 지역이어서 각종 제의의 공간일 가능성을 제기하셨습니다. 저는 봉황대구릉 정상부에 溝가 있고 봉황토성이 발굴됨에 따라 구릉 정상부는 군사 또는 교역을 목적으로 하는 조망 또는 제사시설이 존재했을 것으로 보고 있습니다. 그러나 최근 봉황토성이 방어를 목적으로 하는 성곽인지에 대해서는 재고해야한다는 의견이 제시되었습니다. 저는 입지적인 요인 때문에 성곽이 아니라는 것은 문제가 있다고 봅니다. 이 유구가 토성이든 호안석축이든 범위 전체에 대한 조사와 이에 따른 구조 분석이 없는 상황 하에서 성곽이 아니라고 하는 것 역시 무리라고 봅니다. 발표자가 지적한 것처럼 방어적 역할과 제방의 역할을 겸한 것으로 보는 것이 타당하다 생각됩니다. 이러한 봉황토성의 성격에 대한 발표자의 보충 설명을 듣고 싶습니다.

다음으로, 봉황토성 보고자는 토성의 축조시기를 토성의 固定柱 根底에서 奠基와 관련하여 출토된 토기로 미루어 보아 5세기 후반경으로 추정하였지만, 토기에 대한 도면과 사진이 없다는 점에서 이 시기로 단정하기 힘듭니다. 발표자는 5세기 대 이후 유적 외곽의 하천환경에서 보호하는 동시에 확실한 영역구도 측면에서 토성을 구축하였다고 보셨습니다. 그러나 본 토론자는 가야인생활체험촌 석렬유구1호가 4세기 전후에 축조되었고, 부엽공법이 사용된 뻘층의 토기들이 4세기대의 것이라는 점에서 봉황토성의 상한시기 역시 이 시기로 볼 수 있을 것으로 생각됩니다. 봉황토성 초축 시기에 대한 발표자의 견해를 듣고 싶습니다.

마지막으로, 봉황대 서~남편 권역의 성격을 교역과 관련된 곳으로 비정하셨고, 봉황대 북편~대성동유적 경계 권역 중 저습지유적의 시설을 금관가야 소멸기의 호안시설로 보셨습니다. 이러한 6세기 대의 호안시설을 통해 해상진출활동의 명맥이 가야 멸망 후에도 꾸준히 이어져 왔다고 보고 계십니다. 그렇다면 금관가야 쇠퇴기인 5세기 대에도 봉황동유적의 해양적인 성격들이 유지되고 있었다고 볼 수 있을까하는 문제에 대해 발표자의 견해를 듣고 싶습니다.

김정완 : 전옥연 선생님, 답변 부탁드립니다.

전옥연 : 상주박물관의 전옥연입니다. 봉황토성에 대한 성격을 구체적으로 보충설명해 주시라고 하셨는데, 사실 저도 주어진 자료의 제한 때문에 아무래도 구체적으로 이야기할 수 있는 것이 많지는 않습니다. 그런데 가장 특징이 잘 나타나는 유적이 경남고고학연구소에서 조사한 봉황토성의 조사보고서에 나와 있는 내용입니다. 그 내용을 보면 벽으로 석축을 둘러싸고 제방이랄까 성벽이랄까 해당하는 부분이 폭이 넓고 잘 만들어져 있습니다. 그리고 구축하는 방법에 있어서도 중간 중간을 구분해서 단단하게 초축한 기술적인 발전상을 보이기도 합니다. 그런 반면에 최근의 조사에서 확인되고 있는 토성의 범위에서 나타난 토성이라고 볼 수 있는 부분을 보면, 경남고고학연구소에서 조사한 부분에 비해 조금 축조기술이 떨어지지만, 시기적으로는 일치하고 있는 부분이 대체로 5세기 대

가 중심인 것 같습니다. 그런데 저는 그래서 발표할 때도 잠깐 말씀을 드렸지만 봉황토성 자체가 5세기 대에 일률적으로 축조되었다고 생각하지 않고, 그 이전 4세기 대에 가야가 전성기였다고 할 수 있는 시기, 특히 그 이전부터 해양적인 항구적인 성격을 가지고 있고, 이 지역의 자연환경상 거주공간을 보호하기 위해 항상 물과의 전쟁을 치러야 했다고 생각합니다. 그러한 차원에서 분명이 뭔가 시설이 있었다고 생각하고, 그것이 5세기 대에 좀 더 발전된 형태로 나타나지 않았을까 생각하고 있습니다.

다음으로, 가야인생활체험촌 생활유구1호의 축조시기가 언제인가 하는 문제입니다. 빨라도 4세기 전반 이후로 상한을 찾을 수 있기 때문에, 5세기 대에 동시에 만들어졌다 얘기해도 어쩔 수 없는 부분이 있습니다. 그러나 유구와 인접해서 확인된 가마유구라든지 퇴적되어 있는 문화층 등의 면모를 보면, 석렬유구1호는 4세기 대 어느 시점에 이미 만들어진 것으로 봐도 좋지 않은가 판단됩니다. 그리고 뒤로 이어져 확인되는 2호 석렬유구와 관련지어 생각해보면, 토기라든지 진행방향이 일관성을 가지고 있기 때문에 1호 석렬유구와 동시에 만들어졌다 해도 이상하지 않은 형태입니다. 그러나 2호 석렬유구는 문화층의 관계에 있어 1호보다 늦은 것으로 보입니다. 이 석렬유구 또한 상한 시기는 가마유구가 폐기된 이후의 시기쯤으로 볼 수 있습니다. 그렇다면 이 부분은 봉황토성의 5세기 대 축조 부분과 연결시키든지 아니면 이보다 좀 더 빠른 시점으로 봐도 지금으로 봐서는 문제없다고 생각합니다. 그래서 저는 봉황토성을 4세기 대부터 시작해서 5세기 대에 완성된 형태를 갖추지 않았나 생각하고 있습니다.

마지막으로, 금관가야 쇠퇴기인 5세기 대에 봉황동유적의 해양적인 요소가 유지되고 있었는가에 대해서는, 봉황토성이나 봉황동유적에 대한 내용으로 볼 때, 4세기 대보다는 5세기 대가 좀 더 전성기적인 성격을 보이지 않나 생각됩니다. 특히 해양적인 성격에 있어서는 구조물의 건축학적인 부분에서도 잘 나타납니다. 5세기 대의 정치적인 면모, 대성동유적에서 보이는 정치적인 변동요인이 분명 있습니다만, 봉황동유적에서는 기본적으로 5세기 대까지 해양적인 요소가 유지 되지 않았나 생각됩니다. 때문에 봉황동유적, 특히 서쪽과 남쪽의 고김해만과 연결되는 지역은 봉황동유적의 성격을 특징짓는 곳으로서, 금관가야 또는 가락국의 해양도시적 면모를 그대로 드러내는 적극적인 증거자료가 아닌가 생각합니다. 이상입니다.

김정완 : 선생님 답변 잘 들었습니다. 오늘 전옥연 선생님의 발표가 봉황동유적의 당시 모습을 복원하는 데 있어 가장 중요한 부분인 것 같습니다. 발표에서도 언급하셨지만, 발굴 횟수는 많이 이루어졌습니다만, 조금씩 이루어지다 보니 무리한 해석을 할 수밖에 없었습니다. 좁은 면적의 발굴조사와 토성이라든지 주거시설의 조사는 접근방법이 달라야 된다고 생각합니다. 예전부터 알려져 있던 유적 가운데, 특히 성곽유적은 현재 전면적인 조사를 통해 성격이 완전히 바뀌는 경우도 있습니다. 앞으로 봉황동유적의 성격을 가장 잘 대변해 줄 수 있는 유적이 봉황토성이므로, 앞으로 전면적인 조사가 이루어져 폭넓은 해석과 연구가 진행되어야 할 것으로 생각됩니다.

다음으로, 연민수 선생님 질의 부탁드리겠습니다.

연민수 : 동북아역사재단의 연민수입니다. 오늘 이근우 선생님께서는 봉황동유적의 유물과 문헌 속에 나오는 용어들을 취합하고, 낙랑, 대방과 연계해서 발표하셨습니다. 발표 중에 흥미롭게 들은 것은, 이전에

주의 깊게 보지 않았던 금이라든가 면, 견 등의 옷감 종류에 대한 다양한 내용을 제시하신 것입니다.

몇 가지 질문을 드리면, 먼저 삼국지 위서 변진조에도 나오듯이 구야국 시대의 김해의 대표적인 유물인 철제품이 출토현황은 어떤지, 확인되지 않았다면 이러한 현상을 어떻게 이해해야 하는지 알고 싶습니다. 철과 관련된 지명인 多多羅를 봉황동 지역의 외항으로 보는 것과 관련해서도 철제 유물의 존재는 중요하다고 생각합니다.

다음으로 구야국과 낙랑, 대방 2군과의 관계를 상하 종속관계로 규정하여, 철 등을 공납하는 일종의 정치적 신종관계로 보시는 것 같습니다. 당시 2군은 동아시아의 선진지역으로 한, 예, 왜가 활발히 교류하였다는 점에서 가능한 추정이지만, 중국적 시각에서 편찬된 동이전을 읽을 경우, 이를 객관화시켜 국제교류의 측면에서 새롭게 볼 필요는 없을까 생각됩니다.

변진지역과 왜와의 교류에서 자주 철자원이 언급되지만, 그 반대급부로 왜로부터 얻은 것에 대해서는 다양한 견해가 있습니다. 발표자께서는 生口, 소금, 파형토기 등을 지적하셨는데, 보다 적극적인 논거가 필요하지 않을까 생각합니다. 오히려 발표자가 지적한 동이전 韓條에는 보이지 않는 倭綿, 帛 등이 교역물로서 어울리지 않나 생각됩니다.

마지막으로, 오늘 학술회의에서 봉황유적의 시기 폭이 상당히 넓은 것을 알았습니다. 발표자께서는 원삼국시대를 중심으로 발표하셨는데, 이후 4-5세기대로 전개되는 양상은 없는지, 광개토왕의 남정과 관련된 나아가 신라의 남하와 관련된 유물의 해석되는 부분은 없는지, 지견이 있으면 말씀해 주시기 바랍니다.

김정완 : 예, 일단 첫 번째 질문의 답변은 나중에 고고학 전공 선생님께 부탁을 드리겠습니다. 나머지 질문에 대한 이근우 선생님의 답변 부탁드

립니다.

이근우 : 부경대학교 사학과의 이근우입니다. 두 번째 질문부터 답변을 드리겠습니다. 제가 적극적으로 변진지역이 낙랑, 대방에 대해 공납한다는 의미로 썼다기보다는, 어휘의 정확한 의미를 알고 넘어가자는 뜻이 많았습니다. 발표문에 있는 사례는 공급이라 할 수 있습니다. 요즘 수요, 공급할 때 그 공급이 쓰여 있으니까 왠지 적합한 한자가 없겠다 생각해서 공납이라 했습니다만, 전혀 그런 뜻으로 쓰지는 않았습니다. 사실 어휘라는 것이 끊임없이 의미가 바뀝니다. 이를테면 백정이라는 말이 고려시대에는 별다른 관직이 없는 사람을 지칭했는데, 조선시대에 오면 도살하는 사람을 백정이라 했던 것처럼 같은 어휘들이 시간과 공간을 달리하면서 다른 의미로 쓰였습니다. 때문에 토론자가 지적하신 것처럼 중국 측 자료에서 주변지역에 대해 공납이라 썼지만, 꼭 정치적인 관계에서 쓴 것은 아니라 생각합니다.

　세 번째에서 지적해 주신 내용에서는 일단 옥이나 비취 등이 철에 대한 반대급부로 주어진 게 아닌가 생각됩니다. 왜금이나 견 같은 일본 쪽에서 생산한 비단의 경우, 비단 제작기술을 수용한 다음에 금을 만드는 데 걸리는 시간이 짧았던 것이 아닌가 생각합니다. 때문에 삼한지역에서는 옥이나 비단을 생산하는 것 보다는 철을 생산하는 것이 유리했다고 보면, 고급 직물류도 반대급부의 일부가 될 수 있었던 것으로 생각됩니다. 히미코나 이런 사람들이 중국 위나라에 보내는 물품에 금이라는 직물이 있었다는 기록을 보면 충분히 철과의 교역품으로 활용되었을 것으로 보입니다.

　마지막 질문의 경우도 첫 번 째 질문과 마찬가지로 제가 답변 드리는 것 보다는 고고학 전공 연구자님들께서 답변해 주시는 것이 더 나을 것 같습니다. 이상입니다.

김정완 : 답변 감사합니다. 이상으로 준비된 지정토론에 대한 질의, 응답을 마치도록 하겠습니다. 지금부터는 자유롭게 보충질문이나 추가멘트를 하는 시간을 가지도록 하겠습니다. 우선, 연민수 선생님의 토론에서 고고학 측면에서 답변해야 할 첫 번째, 네 번째 질의에 대해 정인성 선생님께 답변 부탁드립니다.

정인성 : 네, 이근우 선생님의 발표 재미있게 잘 들었습니다. 최근 고고학계에서 철기연구와 관련한 최신성과를 제가 조금 설명을 드리겠습니다. 오늘 선생님의 발표는 한군현이 한과 예를 통제 못하는 상황에서 낙랑유민들이 한 사회에 유입되면서 철기의 생산이 궤도에 올랐다는 이야기이신 것 같은데, 근래에 이루어진 한국 고고학계의 철기 연구는 이런 것 같습니다. 이미 예전에 동래 내성 유적 등에서 나온 철기를 가지고 이미 철기 재지화는 기원전 2세기에 이루어졌다고 보고 있습니다. 최근 대구 등지에서 조사한 내용을 보면, 삼각형점토대토기 단계에서 철겸 같은 것이 다 나옵니다. 아마 이런 것들이 영남지역에서 철기의 1단계 파급인 것 같습니다. 2단계 파급은 단조철기의 확산인데, 이런 것들은 소위 용전리다, 팔달동이다, 임당동이다, 다호리다라고 보면 예를 들어서 군현사회에 없는 따비다 단조철부다 그 다음에 형식이 다른 철겸이다 이런 것들은 이미 기원전 1세기 대, 실연대와는 조금 차이가 있습니다만은 공격적으로 보는 연대관이건 혹은 보수적으로 보는 연대관이건 둘 다 같이 고려하더라도 기원전 1세기 상황입니다. 그리고 3단계가 되면서 대형 목곽묘가 나오면서 다시 한번 철기들이 형식도 바뀌지만 대량 매납하는 상황으로

전개되는데, 선생님 말씀은 소위 한국 고고학에서는 3단계의 상황을 군현에서 말하는 유민들의 이입으로 연결시키시는 것 같습니다. 이런 것들은 최근의 고고학의 성과와는 조금 거리가 있는 것이 아닌가 하는 생각이 듭니다. 물론 김해도 마찬가지입니다. 다음으로 옥의 경우, 유리옥 등이 왜 사회에서의 반대급부다 이렇게 말씀하시는 것 같은데, 경옥은 기원후 5세기 대 이후의 상황입니다. 그 이전에 이미 기원전에 유리옥 등이 한, 예 사회에 광범위하게 확산이 되고, 이런 것들은 오히려 왜가 유리제품을 생산하는 것 보다는 미나미오구라든지 이런 자료들도 사실은 왜제가 아니고 한반도에서 한·예 사회, 그리고 중국사회 내지는 동남아시아와 연계되는 그런 어떤 것들을 생각하는 게 중심이기 때문에, 이 시기 삼한관계에서의 옥과 기원후 5세기 대 이후의 신라사회에서 나오는 경옥을 구분해서 접근하고 살펴보는 것이 맞지 않은가 하는 생각이 듭니다.

이근우 : 제가 발표 중에 잠시 말씀드렸지만, 철이라는 것 단조라든지 주조라고 구분해서 말씀해 주신 것처럼 철 자체의 생산기술 아니면 양적인 규모라든지 이런 것들을 세부적으로 연구해야겠다는 생각입니다. 물론 다 인정하고 있지만 제철기술이라는 것 자체가 중국에서 들어온 것이고 빠른 경우는 고조선 같은 위만의 경우에 이미 제철기술이 들어와 확산되었을 거라 생각됩니다. 그런데 대량으로 생산돼서 일본열도 쪽에도 철정의 형태로 고분에 부장되는 단계까지 대량생산하는 것 역시 낙랑의 어떤 영향이 있지 않았나하는 가능성을 제시한 것입니다. 문헌적으로 나타난 것과 고고학적으로 발견되는 것이 반드시 일치하지 않는 경우도 충분히 예상할 필요가 있다고 생각합니다.

옥의 문제는 일본의 연구성과라든지 아니면 일본의 생산력이라든지 이런 면에서, 물론 제철기술에서는 늦은 단계였지만, 다른 부분에 있어서는 집약적인 산업을 통해서 교류하고 있다는 측면을 경시하시는, 다소 과소평가 하시는 것이 아닌가 생각됩니다. 유리옥이 야요이시대 후기 2세기 정도에 가면 일본에서 엄청나게 확인됩니다. 또한 만드는 재료들도 중국 군현에서 입수할 수 있는 재료를 사용해서 제작한 것으로 알려져 있기 때문에 단순히 우리나라에서 확인된다는 사실만으로 우리 쪽에서 생산했다는 의견은 좀 더 고려해야 하지 않나 봅니다. 제가 철기라든지 옥에 관한 데이터를 자세히 못 보여 드렸는데, 사실 일본의 경우에도 기원전 2세기와 기원전후시기에 이미 일본열도에 철이 나타납니다. 옥을 가공하는데도 철기를 사용하였기 때문에, 오히려 우리보다 훨씬 빠르게 나오는 것이 당연합니다. 고고학적으로 자료를 가지고는 굉장히 정밀하게 이야기할 수 있지만, 문헌을 가지고는 사실 대단히 막연하거나 가능성 정도만 이야기할 수 있습니다. 실제로 제가 사용한 자료들이 대체로 삼국지 위서 왜인전, 동이전을 중심으로 한 몇 가지 자료인데, 고고학적인 자료는 수천가지가 있지 않나 싶습니다. 그러한 고고학적인 자료로 이야기 하는 것과 문헌적으로 파악할 수 있는 것으로 이야기하는 것은 상당히 격차가 있어야 되는 게 당연하다고 봅니다. 이상입니다.

김정완 : 네, 답변 잘 들었습니다. 심재용 선생님 말씀 부탁드립니다.

심재용 : 연민수 선생님의 질의하신 김해의 철제품 출토 현황을 말씀드린다면, 구야국시대라고 얘기한다면, 묘제로 보면 목관묘와 목곽묘시대가 되겠습니다. 대표적인 철소재품에 대해서 설명을 드리겠습니다. 보통 철소재라고 하면 잘 아시겠지만 덩이쇠, 철정이 되겠습니다. 목관묘에는 주조철부도 철소재로 나타나지만, 전형적인 덩이쇠 형태로 본다면 목관묘에서는 나오지 않습니다. 본격적으로는 목곽묘시대부터 나오는 것으

로 보고 있습니다. 김해의 경우 양동리 162호분에서 봉상철부형, 즉 막대기 형태의 철정이 나옵니다. 그것이 162호분에서 40점 정도가 나오고, 대성동의 경우는 양동리 162호분 다음 단계에 해당하는 대성동 45호분에 있습니다. 거기에 휘어진 환두대도가 나오는데 그 밑부분에서 35점의 봉상철부형 철정이 나옵니다. 그리고 3세기 말에 가면 대성동 69호분에서 판상철부형 철정이 바닥에 깔려서 100점이 넘게 나오고 있습니다. 이상입니다.

김정완 : 심재용 선생님, 말씀 감사합니다. 대외교류 관련해서 다른 선생님의 추가 질문이 있으십니까? 없으시면 다음 순서로 넘어가겠습니다. 봉황동유적에 관련한 문제입니다. 봉황동유적에 관련한 문제는 여러 가지가 있는 것 같습니다. 우선 제가 먼저 하나 여쭈어보겠습니다. 봉황토성의 성격에 대해, 오늘 발표에서는 호안석축이라든지 제방이라든지 하는 이야기가 나왔습니다만, 현재까지의 봉황토성이라는 이름을 그대로 한다면 삼국유사에 나오는 수로왕이 만들었다는 나성과의 관계는 어떻게 되는지 알고 싶습니다.

심재용 : 일단, 제가 먼저 답변을 드리겠습니다. 왜냐하면 제가 가야인 생활체험촌을 조사했기 때문에 답변을 드리는 것이 좋을 것 같습니다. 봉황토성의 경우 실제로 봉황토성 바깥으로 김해읍성보다 앞 시기의 김해고읍성이 있습니다. 김해고읍성은 최근 동아세아문화재연구원과 동서문물연구원에서 조사하였습니다. 동서문물연구원에서 조사한 결과에 의하면, 초축시기를 통일신라로 보고 있습니다. 중축시기는 고려시대로 보고 있습니다. 이것을 참조한다면, 일연스님이 고려시대에 그러한 고읍성과 그 안의 봉황토성을 보고 나성구조로 하지 않았나 생각됩니다. 즉, 삼국

유사에 수로왕이 나성을 만들었던 것으로 기록되어 있지만, 실제로는 고려시대에 가야시대 봉황토성과 통일신라시대부터 있었던 고읍성을 보고, 설화와 연계하여 나성구조로 보지 않았나 생각하고 있습니다.

김정완 : 심재용 선생님 말씀 잘 들었습니다. 수로왕 2년에 나오는 나성은 봉황토성도 아니고 김해읍성도 아닌 통일신라 때 만들어진 고읍성을 가리키는 것으로 말씀하셨습니다.

봉황토성의 중요성은 말할 필요가 없을 겁니다. 가야 중심세력의 주거공간이 확실히 확정된 곳은 봉황토성이 아닌가 생각됩니다. 때문에 여기에서 밝혀내야 할 것이 많을 겁니다. 궁성지에 대한 조사도 진행되어야 할 것이고, 봉황토성의 성격이라든지 축조시기 등은 폭넓은 조사를 하지 않고는 규명하기가 어렵습니다. 때문에 오늘 봉황토성에 대해 그동안의 연구성과를 공유한다고 이야기를 했습니다만, 사실 지금부터 무엇을 해야 할지를 정리해 보는 것도 의미가 있을 것 같습니다. 다른 선생님들 가운데 전옥연 선생님의 발표에 질의나 봉황토성에 대해 언급할 것이 계십니까?

전옥연 : 김정완 관장님께서 말씀하신 것 중에 봉황토성에 대해 토성이 아니고 제방으로 보느냐, 또는 호안석축 보는 견해도 있었습니다. 그 부분에 대해서 저는 봉황토성이 둘러싸고 있는 범주가 굉장히 중요하다고 생각합니다. 때문에 제방이라든지 석축으로 의미를 평가절하하지 않았으면 좋겠습니다. 일단 명칭은 상황에 따라 바뀔 수도 있을지 모르겠습니다만, 지금으로서는 봉황토성이라는 명칭을 사용하는 것이 좋지 않겠나 생각합니다. 가야의 중심 주거공간을 봉황대 동편지역으로 생각하고 있습니다만, 고김해만으로 배가 입항해 들어올 때 제일 먼저 눈에 띄는

것이, 물론 뒤쪽의 분성산이나 경운산, 서쪽의 임호산 등 높은 산이 눈에 띄겠지만, 가야의 중심지역으로서는 봉황대, 그 다음으로 대성동, 구지봉 이 세 곳이 쭉 연결 되서 보이는 것이 물과 어울려서 굉장히 신비로운 모습을 연출하지 않았나 하는 생각이 듭니다. 그래서 좀 전에 김정완 관장님께서 앞으로 봉황동 일대에 대한 조사에 대해 생각해 보자고 말씀하셨는데, 저는 봉황동이나 대성동이나 물론 그 자체로 중요한 유적이지만, 거기에 국한하기 보다는 전체적으로 범위를 넓혀 전반적인 고환경에 대한 복원을 할 수 있는 근거자료를 마련하는 과정이 필요하다고 생각합니다.

김정완 : 다른 선생님 가운데 여기에 대한 다른 질문 있으십니까?

정인성 : 그렇다면, 봉황토성이라는 것이 시기가 전옥연 선생님, 심재용 선생님께서는 올려 봐도 4세기 후반으로 보시는 것 같고, 조금 내려서는 5세기로 보시는 것 같습니다. 일본의 경우 동이전에 동이의 세계로 중국에서 기술하고 있는 일본 쪽 사례를 보면, 이끼라든지 이토쿠라든지 난토쿠라든지 이런 곳에 가 보면 이미 입항할 수 있는 선착장과 중심취락이 있는 체제를 갖추고 있고, 이것을 중국에서 국으로 인식하고 있습니다. 이렇게 되면 김해에서는 물질적인 실체가 전혀 없어지는데 이 문제에 대한 대안이나 그런 것이 있으신지, 사신이 오거나 하면 이런 것들을 대응하는 주체를 어디서 찾아야 하는지 알고 싶습니다.

전옥연 : 봉황동유적의 성격에 대해 살펴보면서 저도 딜레마에 빠졌던 부분이 그런 부분입니다. 그래서 굉장히 중요한 유적이고, 대성동유적과 대응해서 살펴보더라도 분명히 삼한시대의 국이 성립되는 부분부터 해

서 대응할만한 성격의 유구가 조사되고 축조시기도 거슬러 올라가도 좋은데 그런 부분에 있어서는 조금 부족한 것이 사실입니다. 올려보더라도 4세기 대 자료가 부족한 것이 사실이지만, 봉황대 동쪽 편에서 조사된 주거지의 형태라든지 내용들을 보면, 다른 지역과는 구별될 정도로 대형의 발달된 가옥구조를 이미 3세기 대에 보이고 있습니다. 조사 횟수는 많지만 정말 밝힐 수 있는 부분은 극히 일부인 것 같습니다. 그런 부분에 대한 어떤 해명이랄까 이런 것이 앞으로 계속 방향을 정해서 해결해 나가할 것으로 생각합니다.

그리고 저는 해반천과 봉황대 1호석렬 사이에 있는 가마, 빨리 보면 3세기 말에서 4세기 1/4분기 정도 올려 볼 수 있는 가마가 거기에 있다는 것에 주목해 봅니다. 사실 가마가 장기간 사용한 성격보다는 뭔가 그 쪽에서 일시적으로 체류하고 있는 사람들이 생활토기를 만들었던 것이 아닌가 생각합니다. 그런 것을 만들 정도의 환경이라면, 그 시기까지 올라갈 수 있는 다른 성격의 유구도 확인될 가능성이 있다고 생각합니다. 그런 부분을 앞으로 더 기대해 보고 싶습니다. 이상입니다.

심재용 : 제가 더 보충설명을 해 드리면, 선생님께서 말씀하셨지만 봉황동유적의 경우는 실제 그 밑을 모릅니다. 조사과정에서 트렌치를 넣습니다만, 실제 몇 개 층으로 형성되어 있는지는 모릅니다. 즉, 4세기 대 층까지 조사하는 경우가 거의 없습니다. 대개 5세기 층까지만 조사합니다. 대개 도로부지라든지 대부분 좁은 면적의 조사가 이루어지기 때문입니다. 그러나 회현리패총이라든지 봉황동패총의 연대를 본다면 전기 와질토기 시대, 1세기나 2세기 대의 유물들이 있기 때문에 충분히 그 시대의 구조물도 있을 가능성이 충분히 있다고 생각하고 있습니다. 이상입니다.

김정완 : 예, 봉황동유적의 중부 이전으로 올라가면 정인성 선생님께서 말씀하시는 원삼국, 삼한시대의 유물은 별로 나오지 않는 것 같습니다만, 전시관 부지라든지 회현리패총에서는 그 시기의 유물이 나옵니다. 약간 위치는 다르겠지만, 환호냐 아니냐는 문제도 있지만 구 유구 같은 것도 있고, 그렇기 때문에 봉황동유적 자체 내에서의 소지구 이동이 있을지 몰라도 시기적인 문제로는 그때부터 계속 연결되어 있을 것으로 생각해 봅니다. 앞으로 하수관거 조사 등 좁은 면적의 조사 이외에 봉황동유적 전체의 성격을 밝히기 위한 대규모 조사가 이루어졌으면 좋겠습니다. 그렇게 된다면 이러한 여러 논란들이 적어질 것 같다는 생각을 해봅니다. 이 문제는 이쯤에서 정리를 하겠습니다.

다음으로 윤태영 선생님의 발표에 대해 추가 질문하실 분들은 해 주시기 바랍니다.

정인성 : 발표에서 보여주신 주거지 사진은 주거지 내부의 돌을 일부 걷어낸 다음의 사진이었는데, 원래 카야모토가 남긴 또 하나의 도면을 보면 주거지 토광라인 안쪽에 돌이 꽉 차여 있는 것으로 표현하고 있습니다. 덕천리나 다른 깊은 굴광을 가진 지석묘들이 처음 발굴되었을 때 에피소드를 제가 잘 알고 있습니다. 처음에는 덕천리유적을 덕천리 사지라고 했었습니다. 큰 기단이 청동기시대에 있을 수 없다고 인식 될 때여서 그렇게 생각했었습니다. 그 이후 기단 위 퇴적토 위에 석관이 있고 거기에서 토기가 나오니까 청동기시대구나 생각하게 되었습니다. 그 다음에 이상길 선생님이 발표하신 것이, 기단이 있는데 내부에 큰 주거지가 있다는 것이었습니다. 그런데 주거지에서 비껴나 큰 상석이 있었고, 주거지를 파다보니 돌들이 나왔는데, 이런 상황이 그야말로 최근의 기단식 지석묘의 상황을 반영하고 있는 것이기 때문에 봉황대와 회현리 내지는 김해패총을

주시한다면 지석묘와 야요이 옹관의 관계, 지석묘와 패총의 형성시기 등이 봉황대와 회현리의 공간을 이해하는 데 중요한 판단근거가 될 것 같습니다. 이러한 것을 앞으로 밝혀야 되지 않을까 생각이 듭니다.

일제강점기의 조사는 뚜렷한 목적이 있었습니다. 예를 들어 일본민족의 기원을 확인하자, 두 번째가 임나일본부를 김해에서 확인할 수 있을까하는 목적을 가지고 조사를 했고, 일부 그들이 소기의 목적에 맞는 성과를 이루었다 하기도 하고, 이루지 못했다 하기도 했습니다.

어쨌거나 지금 가야사에서 김해 봉황동유적에 주목한다면, 고대사학계건 고고학계건 봉황동유적을 통해서 어떤 목적을 달성한 것인지에 대한 비전이 있었으면 합니다. 좀 전에 말씀하신 기원전으로 올라가는 시기 금관가야의 중심이 정말로 봉황대인지 아닌지에 대한 연구, 현재 개발할 수 있는 조사 연구목적 이런 것들이 나오면 좋지 않나 하는 생각을 해봅니다.

거기에 대해 윤태영 선생님의 말씀을 듣고 싶습니다.

윤태영 : 오늘 계속 나오는 의견이 봉황동유적의 성격을 전체적으로 어떻게 볼 것인가 하는 문제입니다. 그 문제는 봉황유적에 대한 조사 목적과 관련이 있지 않나 생각이 듭니다. 아시다시피 주변지역이 조사하기에 녹록한 환경이 아니기 때문에, 가장 우선적으로 정리가 되어야 할 것은 발굴을 할 수 있는 여건이 갖추어져야 할 것 같습니다. 그리고 조사에 따라 유적에 대한 성격도 다시 논의가 되어야 하지 않을까 생각됩니다. 부족하지만 이것으로 답변을 대체하도록 하겠습니다.

김정완 : 오늘은 봉황동유적을 정리하는 것이 아니라 남기는 것만 많이 있는 것 같습니다. 앞으로 봉황동유적에 대해서는 사적 2호로 지정하고 있는 만큼 국가적인 지원도 계속 있어야 될 거고, 김해시 측에서도 여기

에 대한 정기적인 계획을 가지고 있는 것으로 알고 있습니다.

청중에 김해시청 송원영 계장님 계신가요? 봉황동유적에 대한 김해시의 장기계획이랄까요, 그런 것에 대한 말씀을 들어봐도 되겠습니까?

송원영 : 김해시청 대성동고분박물관에 근무하는 송원영입니다. 먼저 김정완 관장님이 조언하신 답변을 하기 전에, 먼저 말씀드릴 것이 있습니다. 저희가 봉황동유적을 가지고 학술회의를 하게 된 것은 봉황동유적이 가야사에 있어 김해에서는 대성동유적을 제외하고는 그 외의 전부라고 해도 과언이 아닐 정도의 유적입니다. 분묘유적을 제외한 모든 것이 봉황동유적에 다 있기 때문에 어떻게 보면 19회 때 이제야 봉황동유적을 다루게 된 것이 죄송할 따름입니다. 봉황동유적의 시기나 범위, 이런 부분에 대해서도 준비를 하면서 많은 논의가 있었고 거기에 대한 의견이 다른 부분도 있었습니다.

먼저 정인성 교수님이 질문하신 부분에 대해 제 개인적으로 답변을 드리고 향후 계획에 대해 말씀 드리도록 하겠습니다. 패총의 경우, 윤태영 실장님께서 2세기에서 6세기라고 말씀하셨기 때문에 봉황토성이라든지 이런 부분이 중심 주거지역이 된 시기를 패총시기와 맞추어서 생각하시면 토성발굴을 하지 않아도 충분하지 않을까 생각하고 있습니다. 봉황토성이라고 하는 것은 가락국기에 나오는 나성과 시기라든지 범위까지 일치합니다. 1,500보 둘레의 나성을 쌓았다고 하는데 현재 봉황토성 추정 길이가 대략 1km 조금 넘습니다. 한 보를 75cm 정도로 예상하면 길이까지 똑같고, 위치가 수로왕릉과의 상호위치까지 기록과 일치하기 때문에 봉황토성이라고 하는 것들이 수로왕이 쌓았던 나성이라는 것에 대해서는 의문의 여지가 없다고 생각합니다.

향후 김해시에서 가지고 있는 계획은, 현재 꾸준히 1년에 4~5억씩 들여서 토지를 매입하고 있는 중입니다. 일부는 많이 매입이 되어서 발굴 조사를 들어갈 수 있는 상태입니다만, 유적 자체가 워낙 문화층이 복잡하고 범위가 넓기 때문에 발굴조사를 한다면 장기적인 계획을 수립하여 최소한 20~30년, 길게는 100년 이상을 보고 진행하여야 하기 때문에, 어디부터 손을 대어야 할지 하는 부분들도 굉장히 민감한 문제입니다. 저희가 국비를 최대한 확보해서 장기적으로 토지매입과 발굴조사를 동시에 할 수 있는 방안을 마련하도록 하겠습니다.

김정완 : 네 답변 감사합니다. 김해 봉황토성에 대한 질의·응답은 여기에서 마무리 짓겠습니다. 마지막으로 동물유체에 대한 질의·응답이 끝나고 나면, 청중석으로 마이크를 옮기겠습니다. 궁금하신 부분이라든지 그런 것들이 있으시면 답변 들으시면서 준비해 주시기 바랍니다.

동물유체에 관해서 보충질문 없으십니까?

유병일 : 세 가지 정도 질문을 드리겠습니다. 동물유체는 김해 회현리 패총 사람들의 생활에 필요한 생활도구와 종교적인 분야에서도 확대해서 생각해 볼 수 있습니다. 그러한 중요성에 비해 관심이 미약한 것이 사실입니다.

정찬우 선생님께서 향후 과제를 심도 있게 연구를 해야된다는 약속을 하셨는데, 저도 공감되는 것이기 때문에 같이 열심히 연구하자는 의미에서 질문을 드리도록 하겠습니다.

5개 유적에서 소개됐던 어류 가운데, 특히 돔과 참돔, 감성돔 같은 돔들이 많이 있었습니다. 설명하시면서 주로 외해에 나가서 낚시로 고기를 잡았다고 하셨습니다. 실제로 여러 기관에서 발간된 보고서의 유물을 본다면, 이런 어류들을 잡을 수 있는 유물이 거의 없다시피 합니다. 한 유적당 철제낚시로써 잡았다 하면 낚시가 한 두 점 정도 나옵니다. 출토되는 동물유체의 양은 많고 그것을 획득할 수 있는 유물의 양은 상당히 적은 편입니다. 물론 고고학적인 유물 자체가 교란이나 훼손되는 경우가 많은 것을 생각하더라도 너무나 적게 나오는 그런 양상입니다. 이런 양상을 어떻게 이해하고 계시고, 이런 문제점은 어떻게 해결하여야 하는지 선생님의 의견을 묻고 싶습니다.

그리고 잘 아시다시피 삼한·삼국시대에 가장 인기 있었던 가축 가운데 하나가 닭입니다. 소와 말보다도 닭이 제일 많습니다. 그런데 종명 분석된 결과를 보면 꿩이 많았습니다. 강치처럼 꿩·닭을 구분하지 않고 꿩으로 통합해서 보셨는지, 아니면 구분이 가능한지에 대한 설명을 듣고 싶습니다.

다음으로 용원유적에서 나온 가마우지를 그림으로 설명해 주셨습니다. 가마우지가 포구의 바위나 강하구에도 민물 가마우지가 살고 있는데 이 조류의 특징은 물고기를 잘 잡는다는 것입니다. 특히 용원유적에서는 조류의 97% 정도가 가마우지입니다. 그러한 습성들을 용원사람들이 활용하지 않았을까 하는 생각을 해볼 수 있습니다. 민속지 자료를 본다면, 가마우지로 물고기를 잡는 경우가 많이 있습니다. 그러한 것에 대해 선생님의 생각은 어떤지 알고 싶습니다.

정찬우 : 선생님 말씀대로 패총유적이라든지 이 시기 유적에 대해서 어류들을 잡을 수 있는 도구들, 예를 들면 철제 낚시 등 어로 도구들이 많지 않습니다. 패총유적이라든지 그런 것들이 일부 구간에 대해서만 발굴조사가 이루어지기 때문에 우연치 않게 도구들이 잘 나타나지 않을 가능성도 있습니다. 뿐만 아니라 철기시대에 철기라는 소재가 귀하다 보니까 망가지면 다른 용도로 다시 녹여서 쓰는 거라든지 대체를 하다 보니, 손

실 또는 파손된 유물이 주로 출토하는 패총의 유적에서는 잘 나타나지 않는 것 같습니다.

다음으로 닭의 경우, 제가 이번에 취합한 자료들은 기존 연구자들이 동정한 자료들을 토대로 수량을 데이터화 한 것인데, 그 가운데 아마 닭이랑 꿩이 유사한 부분이 많기 때문에 혼동된 부분이 있지 않은가 생각됩니다. 향후 각 연구기관에 있는 조류뼈, 특히 꿩으로 동정된 조류뼈들을 다시 한 번 재동정을 할 필요가 있지 않나 생각됩니다.

용원유적에서 가장 많이 나오는 가마우지의 경우는 저도 유병일 선생님 말씀대로 가마우지를 이용한 물고기잡이가 있었다고 생각합니다. 다만, 구체적으로 현재까지 고고학적 자료가 없기 때문에 언급을 하지 않았습니다.

김정완 : 전옥연 선생님께서 정찬우 선생님께 질의하실 것이 있다고 하십니다. 질의 부탁드립니다.

전옥연 : 정찬우 선생님께 하나만 질문 드리고 싶은 것과 제안하고 싶은 것이 있습니다. 철기시대라고 말씀하신 것이 결국은 삼한시대부터 삼국시대에 이르는 시기를 통칭하시는 것 같습니다. 이 시기의 경우, 단백질 공급원으로서 반드시 수렵이나 이런 것으로만 의존하지 않고 다양한 분야에서 가축화가 이루어졌다고 생각합니다. 그런 부분에 대해서 멧돼지나 집돼지의 차이점을 발견하신 부분이 있으신지 알고 싶습니다.

그리고 수렵견과 식용견을 겸한다는 이야기를 하셨는데, 예를 들어 일본 죠몬시대의 경우 수렵견은 어떻게 보면 같이 나가서 동고동락하는 반려동물과 같은 존재이기 때문에, 식용은 생각을 하지 않는 것 같습니다. 그래서 죽었을 때 매장견이 따로 있는 것이 아니라 수렵견을 같이 매장하는 가능성이 있을 수 있고, 식용화하는 부분에 있어서는 사냥에 있어 죠몬 시대의 개념하고는 달라지다 보니, 집에서 단백질 공급원으로서 가축화하기 시작하면서 달라지지 않았나 생각합니다. 그런 점에서 가축화한 부분에 대해 차이를 볼 수 있는지에 대해 선생님의 의견을 듣고 싶습니다.

정찬우 : 가축화에 대해, 제가 알기로 연구 성과가 나오기 시작한 것이 채 2년이 되지 않습니다. 특히 돼지의 가축화에 대한 자연과학적인 분석과 골격에 나타나는 병의 흔적들, 그리고 이빨의 배열, 하악골의 각도에 대한 일본 자료라든지 그 외 기존 우리나라에서 발굴조사 된 약간의 유물을 대상으로 분석하는 경우들이 있습니다.

아직 가축화에 대한 연구자체가 초기단계이기 때문에, 지금 당장 봉황동유적의 돼지가 가축이라고 직접 말씀을 드릴 수 없습니다. 기초적인 데이터를 모으고 연구가 진행되는 단계이기 때문에, 일단 가축화 보다는 멧돼지로 추정하였습니다.

개의 경우는 전옥연 선생님의 말씀을 참고해서 연구를 진행하도록 하겠습니다.

김정완 : 이것으로 단상 위에서의 종합토론은 마치도록 하겠습니다. 지금부터는 청중석으로 마이크를 옮기도록 하겠습니다. 어느 분에게 어떤 주제든 좋습니다. 자유롭게 질문 있으신 분들은 해 주시기 바랍니다.

심종훈 : 동아세아문화재연구원의 심종훈입니다. 여러 선생님들의 발표 잘 들었습니다. 저는 전옥연 선생님과 심재용 선생님께 간단한 질문을 드리고 싶습니다.

먼저 봉황동유적이 가야사, 금관가야에 있어 중요한 유적임은 여기 계시는 모든 분들이 알고 계실 것입니다. 저는 그 중에 토성이라는 용어에 주목하고 싶습니다. 금관가야의 중심지가 봉황동유적이라면 그 토성은 그야말로 도성에 비견될 것이고, 도성이란 개념은 기본적으로 방어적 성격이겠지만, 정치적·행정적인 성격도 있어야한다고 생각합니다.

전옥연 선생님께서는 봉황동유적을 4곳으로 구분하여, 구릉 정상부는 제사구역이고, 동쪽·남쪽은 주거구역, 서쪽은 교역과 관련한 시설, 그리고 북쪽은 대성동고분군과 연결되는 지역이라 말씀하셨습니다.

정치적·행정적인 시스템을 파악하기 위해서는 우선 관청의 위치도 추정되어야 하지 않나 생각합니다. 그런 부분이 같이 연계될 때, 봉황토성의 내부시설로 어떤 것이 나오는가에 따라 성곽이 될 수 있는지 여부가 이야기될 수 있을 것 같습니다. 전옥연 선생님의 의견을 듣고 싶습니다.

다른 하나는, 봉황동유적 둘레에 성곽을 돌린다면, 금관가야 전체를 관할하고 지배할 수 있다기보다 오히려 독립적으로 될 수 있는 부분도 있을 것 같습니다. 그래서 성곽배치의 관점에서 금관가야 지역을 어떻게 전체적으로 관할하고 지배했을 것인지에 대한 생각을 듣고 싶습니다.

전옥연 : 봉황토성이란 용어에 대해서는 앞으로 필요하다면 바꿀 수도 있고 개선할 수도 있습니다. 그러나 저는 현재 봉황토성의 범위 정도면 금관가야 도성의 범위로 봐도 좋지 않은가 생각합니다. 행정적이고 정치적인 성격이 강한 도성의 위치지정 문제에 대해서, 저는 어떤 면에서 봉황토성의 범위는 뭔가 복합적인 의미를 가지고 있지 않은가 생각됩니다. 행정·정치적인 중심지로서의 성격과 외부에서 들어올 때 처음 만나는 지역이라는 측면에서 보면, 항구와 직접 접하는 입장에서 사실상 안정된 형태의 정치적인 관아나 이런 것들이 있을만한 지역하고는 조금 더 생각해야 될 부분이 있다고 생각됩니다. 그러나 앞으로 조사를 하다 보면, 이당

시 관아라 볼 수 있는 대형의 주거지라든지 이런 것이 확인될 가능성이 있는 것 같습니다. 앞으로 폭넓은 가능성을 두고 지속적인 연구가 필요합니다.

김정완 : 또 다른 질문이 있으신 분은 질의 부탁드립니다.

이형기 : 국립해양박물관의 이형기입니다. 이근우 선생님께 질문 드리겠습니다.

선생님께서 외항에 대해 말씀하셨는데, 상당히 의미 있는 지적이란 생각이 듭니다. 그러나 당시 고김해만이 기수역으로 추정되는데, 굳이 내항과 외항을 구분 지을 필요가 있었는지 의문이 듭니다. 만약 그렇게 된다면, 여기에서 외항까지 나가는 것은 평저선을 이용하고, 외항에서 다시 배를 바꿔야 한다는 결론에 도달할 수 있습니다. 제가 알기로 우리나라의 평저선이 조선시대까지 사용되었고, 첨저선에 대해서는 있을까라는 생각은 하지만 확정된 예가 없기 때문에, 그러한 부분에 대해서는 조금 재고를 해야 하지 않나 생각됩니다. 선생님의 의견은 어떠한지 알고 싶습니다.

이근우 : 평저선, 첨저선 문제를 말씀드리겠습니다. 물론 조선의 수군조차도 평저선을 썼을 거라 이야기 합니다. 그런데 통신사가 대마도를 거쳐 일본으로 갈 때는 첨저선을 따로 만들었습니다. 평저선으로 항해하기에는 어려움이 따르기 때문에 첨저선을 만들었습니다.

외항의 경우는 바로 외해를 가로질러 가서 갈수 있는 출발선이 필요하였던 것으로 생각됩니다. 왜나 낙랑에서 배가 왔을 때 낙동강 하구의 다대포 지역이 외항으로 쓰여지지 않았나 생각됩니다.

김정완 : 마지막으로 질문하실 분은 해 주시기 바랍니다.

전대식 : 저는 고대사를 공부하고 있는 전대식이라고 합니다. 이근우 선생님께 질문 드리겠습니다. 철을 왜에 공급하는 반대급부로서 생구라 든지 청동기를 언급하셨는데, 여기에 왜의 군사적인 지원, 용병이라든지 신라를 배후에서 견제한다든지 하는 것도 철을 공급받는 반대급부에 포함될 수 있는지 알고 싶습니다. 혹시 된다 하면, 논란이 있는 임나일본부와의 관계도 찾을 수 있는지 알고 싶습니다.

이근우 : 제 개인적인 의견으로는, 그러한 가능성도 있다고 생각합니다. 가야지역이 신라랑 대립하는 과정에서 그 이후 백제에서도 오경박사나 불교를 전해주면서 군사적인 원조가 이루어진 것처럼, 군사원조의 가능성은 충분히 있었던 것으로 생각됩니다. 그러나 임나일본부와는 다른 문제인 것 같습니다.

김정완 : 시간관계상 이것으로 종합토론을 모두 마치도록 하겠습니다. 장시간 토론에 참여하여 주신 모든 분께 감사드립니다.